LE MONDE

GEO PANORAMA

GEO

GEOPANORAMA LE MONDE

TEXTES

Enrico Lavagno

TRADUCTION

Martine Lamy

Direction éditoriale

VALERIA MANFERTO DE FABIANIS

Rédaction

GIADA FRANCIA

LAURA ACCOMAZZO

MARCELLO LIBRA

Direction artistique

PAOLA PIACCO

1

Les monts Selwyn, dans les territoires du Nord-Ouest, Canada.

2-3

De vastes marécages se forment dans les méandres de ce cours d'eau, Maine, États-Unis. à Abou-Simbel, Égypte.

GEOPANORAMA LE MONDE

Sommaire

4-5
La Cima Tosa, dans la chaîne des Dolomites, Italie.

6
La lagune de Mataiva, Polynésie.

7
Colosses gardant l'entrée du temple de Ramsès II à Abou-Simbel, Égypte.

8
Une coupole du temple Wat Phra That Doi Suthep, à Chiang Mai, Thaïlande.

9
La place Saint-Marc, symbole de Venise.

Introduction

Pour comprendre le monde, il est indispensable de ne jamais dissocier l'homme de la nature. Le mot *mundus* lui-même, calqué sur le grec *kosmos,* ou « ordre », ne désigne pas la Terre mais plutôt le résultat de l'interaction entre l'homme et l'environnement. La conception et l'image que nous avons de notre planète sont les fruits de nos perceptions, de notre expérience et – pourquoi pas ? –, de notre imagination. Le monde serait-il donc aussi ce que nous voudrions qu'il soit ? Chez les espèces vivantes les plus évoluées, quand les petits fixent le visage de leur mère, un rapport subtil s'instaure : une communication particulière qui remonte à la nuit des temps, à des schémas inconnus transposant dans notre vie les règles de l'Univers. Selon l'une des multiples cosmogonies chinoises, l'homme serait issu de l'union du Ciel, entité masculine, et de la Terre, archétype de la féminité. Le vecteur fertilisant, ou catalyseur, serait l'eau, l'eau de pluie, en elle-même stérile. Le produit de cette interaction est la boue, qui figure dans de très nombreuses traditions. Nous aurions ainsi pleinement droit au titre de « fils de la Terre », avec les responsabilités qui en découlent. Et nous, les Enfants de la glaise, nous avons rêvé durant des millénaires de monter sur les épaules du ciel. Jusqu'au jour où, nous dotant d'ailes, nous avons réussi à accomplir ce pas de géant. Depuis ce point d'observation, nous avons pu admirer le visage de notre génitrice, le reconnaître, le comprendre, en saisir les expressions et les humeurs.

Quand ils décrivaient des lieux jusqu'alors inconnus, les explorateurs étaient conscients que la perspective aérienne leur faisait défaut, et ils en souffraient. Contemplée d'en haut, la Terre apparaît si différente, à la fois si vaste et si petite ! Lorsque nous prenons de l'altitude, de nombreux éléments d'importance dans la vie « au ras du sol » s'atténuent, s'estompent. Aux frontières artificielles se substituent les limites naturelles, dessinées par la géophysique et l'environnement. Elles sont déterminées par le tracé sinueux des fleuves et des crêtes montagneuses, par l'étendue et le jeu des régions boisées et des zones arides, par la logique insaisissable des courants marins et des fluctuations des dunes. Les frontières s'effacent. Vus du ciel, tous les voyages sont possibles, toutes les distances sont à notre portée. Si les voyageurs et les explorateurs d'autrefois avaient pu survoler les passages les plus difficiles de leurs expéditions, souvent téméraires, ils y auraient gagné en bien-être et en connaissance.

10
L'Extrême-Orient et l'océan Pacifique vus de l'espace.

Ils auraient découvert des merveilles dissimulées comme la « fumée qui gronde » des chutes Victoria et ils auraient renoncé à des utopies néfastes telles que la quête de l'Eldorado.

Quand nous changeons ainsi d'échelle, la perception spatiale et sensible que nous avons d'un élément familier se dilue. Elle est remplacée par des impressions qui, parfois, nous déconcertent. Les contours des mers et des océans, qui ne s'appréhendent qu'avec peine depuis la côte ou en naviguant, deviennent parfaitement lisibles. Les couleurs des lagons et des eaux qui baignent les récifs coralliens sont parfois si vives, si chargées d'une force naturelle, qu'il est impossible de les observer longtemps. Le turquoise intense qui pare de nombreuses mers est indescriptible. La petitesse des embarcations ne surprend pas, mais on est saisi par l'insignifiance que leur confère le contraste avec l'immensité environnante.

Des fleuves comme l'Amazone, le Nil ou le Colorado sont transfigurés. Impénétrables et mystérieux vus du sol, ils se muent, du ciel, en de gigantesques arbres horizontaux. Leurs ramifications, dessinées par leurs affluents diversement colorés, se détachent sur fond de forêts et de déserts, ou se transforment, de monts arides en plaines fertiles, en de longues traces semblables à celles de serpents géants.

À l'inverse, de très hauts sommets comme le K2 se découvrent beaucoup plus nettement vus du ciel que de la terre. Lorsqu'on se tient au pied de l'Annapurna, rien n'est moins visible que la montagne, bien trop haute, bien trop imposante. C'est ainsi que du petit village de Tatopani, qui se situe à plus de 7 000 mètres en contrebas de la cime, il est impossible de se rendre compte que l'on se trouve dans la plus profonde vallée du monde. Le regard bute avant d'avoir franchi le tiers de la hauteur du versant. En altitude en revanche, l'œil embrasse la courbe de l'horizon, suit les délicats contours azurés de la Terre, tamisés par un voile gris de poussières infimes. Glissant sur le cours des ruisseaux, la vue plonge comme l'eau vive dans les profondeurs bleutées des vallées où, presque invisibles, les hommes habitent.

L'agriculture, qui a tant remodelé les collines et les plaines du monde, a tracé des figures géométriques d'une beauté à couper le souffle. Il suffit pour s'en convaincre de contempler d'en haut les traditionnelles cultures en terrasses épousant les formes des collines d'Asie et d'Amérique du Sud, ou les cultures intensives implantées au cœur de plaines perdues dans de lointaines zones arides du globe. On ressent pareil émerveillement devant les vastes étendues fertiles du centre des États-Unis et les immenses prairies que déroulent l'Argentine ou la Mongolie. Elles sont presque déprises de toute vie humaine mais l'homme, dans une moindre mesure, les a façonnées et assujetties à ses besoins.

Visitées par la « voie des airs », ces grandes demeures des hommes que sont les villes offrent aussi un tout autre visage. Paradoxalement, elles paraissent encore plus vivantes. Loin d'évoquer un indescriptible chaos ou une fourmilière élaborée, une mégapole donne une impression d'organisme vivant, singulier, homogène, intelligible et tout à fait agréable à vivre. Autoroutes et canaux l'irriguent comme des vaisseaux sanguins ; tours, monuments et gratte-ciel – les œuvres les plus hautes que les hommes aient jamais construites – jaillissent en de surprenantes masses musculaires ; parcs et jardins diffusent leur respiration de verdure ; jusqu'aux lacs artificiels et aux bassins qui la parent de grands yeux bleus ou verts. Comment ne pas ressentir d'émotion devant les profils que tracent sur le ciel un nombre toujours plus grand de villes impatientes de posséder l'édifice le plus haut ? Shanghai et New York alignent un nombre égal de réalisations architecturales qui, par-delà l'indispensable fonctionnalité, allient esthétique et imagination.

Partout dans les villes, des plus grandes aux plus petites, le neuf s'édifie par strates sur l'ancien. Survoler la petite cité de Matera, en Italie méridionale, offre un exemple parfait d'environnement urbain intégrant en un tout organique et vivant des habitats successifs allant d'un troglodytisme presque continu depuis plusieurs millénaires au médiéval, au baroque et au contemporain. Le présent n'annihile pas le passé. Du haut du ciel, on peut lire la trace de toutes les activités des hommes, des plus modernes à celles que l'on croyait perdues.

Bien souvent, les beautés visibles depuis le ciel ne sont pas le fruit d'une volonté délibérée, qu'elles aient été créées par la nature avec une généreuse indifférence ou bien par l'homme avec une inconsciente bonne volonté : c'est la garantie de leur innocence. Pouvoir voler et regarder en vol mue l'observateur en un géant chaussé des fabuleuses « bottes de sept lieues », lui permet de s'emparer d'un horizon sans limites et lui offre, enfin, un visage de la Terre à respecter et à aimer.

14-15
Les *motu,* îlots qui entourent Bora Bora, Polynésie.

16-17
Les principaux gratte-ciel de Manhattan,
centre vital de la ville de New York.

LA PLANÈTE BLEUE

Parler de « mers », à propos de la planète Terre, est trompeur, car en réalité la mer n'est qu'une. Élément liquide courant d'un continent à l'autre, elle individualise les terres émergées tout en restant indivisible. La mer dessine le visage de la Terre. L'Amérique serait-elle l'Amérique sans les deux océans qui l'isolent et lui donnent son identité propre ? Ces deux océans se confondent pourtant en un tout qui, en parcourant la surface du globe, sépare et unit à la fois. Avec 3 800 mètres de profondeur moyenne et une surface occupant les trois quarts de la planète, ils en constituent le plus vaste foyer de vie. Cet ensemble unique n'est pas uniforme pour autant. Les mers ouvertes, qui comprennent la majeure partie des eaux salées du globe, les mers intérieures et les mers cachées en sont autant de facettes.

Divinisé par les Anciens, l'Océan primordial domine la surface terrestre depuis les tout premiers temps de la planète Terre. C'est l'élément qui se différencia le premier de la masse brute de notre sphéroïde de roche en fusion lorsque celle-ci entama son lent refroidissement. Et la vie est probablement apparue dans la mer, même si de nouvelles théories attribuent plus précisément ses origines à la présence conjuguée des eaux et des terres émergées.

L'océan est justement le théâtre d'une découverte récente et stupéfiante sur l'évolution biologique de la Terre : la dorsale médio-atlantique qui s'étend par 3 000 à 5 000 mètres de profondeur ne serait pas exempte de toute forme de vie. Ces abysses ne seraient pas un monde glacé et inanimé, comme on le pensait encore il y a quelques décennies. Une forme de vie s'y développe sans recourir à la photosynthèse. Sa source d'énergie n'est donc pas la lumière, mais la chaleur qui, sous la forme d'émissions hydrothermales, s'échappe des entrailles brûlantes de la terre par des fissures de la dorsale.

Quand on survole la mer, on ne peut imaginer cette prolifération de vie. Le fond océanique est dissimulé par la profondeur des eaux et par l'effet de miroir qui se produit en surface, quand la mer réfléchit le rayonnement azur du ciel. Cette interaction de la lumière, de l'eau et des fonds marins engendre d'ailleurs quelques-uns des plus extraordinaires paysages du monde. À proximité des côtes, elle crée des couleurs extrêmement variées, éblouissantes jusqu'à l'excès. Le bleu profond si particulier, si dense, de l'océan, si justement nommé « outremer », y vire, selon la géomorphologie, en nuances de vert, d'azur et de turquoise d'une incroyable vivacité. Curieusement, l'imaginaire européen associe ces tons éclatants aux eaux qui baignent les îles et les côtes des mers tropicales, les fameuses « mers du Sud ». Pourtant, il suffit de survoler le littoral irlandais, baigné par un océan aussi agité que l'Atlantique, pour admirer ces mêmes jeux chromatiques de bleu, de blanc et de vert intenses. En revanche, quand le ciel des mers du Nord se voile de gris, leurs eaux grisent aussi.

Lorsque l'on vole au-dessus d'un océan, on peut vivre des moments magiques. Tel celui où, après avoir parcouru des milliers de kilomètres sans pratiquement rien voir de familier, lentement, la courbe de l'horizon s'épaissit. Par le hublot, on assiste alors au spectacle de la rencontre de la côte et de l'océan. La limite invisible entre la mer et le ciel, source d'inspiration de tant de poètes, commence à se préciser. Noire d'abord, puis brune, elle se pare ensuite de couleurs différentes selon la latitude. Le triangle du Sinaï méridional, teinté d'or sombre, se détache sur une mer d'une transparence de cristal ; son nom ne prépare pas à la vision qu'elle offre, car la mer Rouge est, sur 800 mètres de fond, d'un bleu extraordinaire. Les côtes tropicales ont une telle luxuriance et une telle vigueur qu'elles paraissent exploser au contact de l'eau, comme si elles cherchaient à s'emparer de la mer. Les côtes polaires, toutes de noir et de blanc, surgissent dans une brume glacée. Elles se font à la fois proches et fuyantes. Par son immensité solitaire, l'océan est souvent qualifié de « désert » aquatique. Ce n'est rendre justice ni à l'un, ni à l'autre. Si l'on prend le temps d'observer la mer, le seul jeu des rayons du soleil sur la surface bleue de l'eau et sur ses champs infinis de vagues, déferlant d'une côte à l'autre pendant des milliers de kilomètres, offre une source inépuisable de paysages. Dans une mer ouverte, les hommes et leurs embarcations paraissent bien petits et bien solitaires. Mais qu'il s'agisse d'un bateau de croisière, d'un pétrolier, d'un porte-avions ou d'une large flottille de barques de pêche, tout navire apparaissant à la surface de l'eau a fière allure. Il relève à chaque instant le défi qui, depuis l'Antiquité, oppose l'homme à la mer : il flotte. Il semble, à cet instant, porter la vie dans les endroits les plus

19
Le golfe de Quartu à Cagliari, en Italie (à gauche). Une plage de Phuket, en Thaïlande (à droite), sur une vue datant d'avant le tsunami du 26 décembre 2004.

déserts de la planète. Les îles suscitent plus fortement encore un tel sentiment. Bien qu'elles soient constituées de roche, le plus souvent d'origine sédimentaire ou volcanique, elles ressemblent à de grands radeaux verdoyants. Comment ne pas remarquer, en survolant les îles des mers du Sud, l'exubérance de cette végétation surgie des eaux ? Elle apparaît si dense et si compacte qu'on aimerait la tenir dans le creux de la main comme une pierre précieuse. Frangeant les îles, d'étroits pontons accueillent des grappes blanches de bateaux amarrés bord à bord, se détachant sur un turquoise si lumineux qu'il n'est pas possible de le fixer longtemps.
Les mers intérieures, quant à elles, forment deux familles. La Méditerranée et la mer Noire figurent dans l'une, la Caspienne, la mer Morte et le lac Baïkal dans l'autre. Les premières ont été créées par le déversement des eaux océaniques dans de profondes vallées. Les secondes ont été comme « oubliées » dans l'arrière-pays quand les océans ont reculé au gré des glaciations. La mer Morte reste atypique : la teneur en sel extrêmement élevée de ses eaux y interdit pratiquement toute forme de vie. Cernée de côtes arides et escarpées aux tons de rouge, de blanc et de jaune vif, elle se distingue par la force de ses couleurs, qui composent des vues uniques au monde.
La Méditerranée présente un écosystème rare et des plus appréciés. Peu d'autres régions au monde jouissent d'un climat aussi doux et toutes sont dans des zones tropicales ou subtropicales : la côte californienne de Los Angeles à Sacramento, le littoral chilien au sud du désert d'Atacama, quelques localités méridionales de l'Australie. Vues du ciel toutes présentent un trait commun frappant : un littoral aride sur lequel parvient à pousser une végétation généreuse et très odorante. Un détail rehausse la beauté des côtes méditerranéennes : les toits de tuiles rouges ressortant nettement sur les terres claires parsemées de grands romarins, de lauriers, d'agaves et de tamaris.
Aux confins du monde, au-delà de la courbure de l'horizon, s'étend un autre genre de mer, plus difficile encore à cerner que les autres. Une mer qui ne ressemble pas à une mer. L'homme n'y voyait qu'une épaisse couche de glace recouvrant quelque terre émergée, quelque grand archipel central. L'on sait depuis moins d'un siècle qu'il s'agit en réalité d'une mer, comme l'a établi de manière certaine Umberto Nobile en 1928. Cette mer en trompe-l'œil, cette calotte infiniment plate, est en fait l'océan Arctique. Elle constitue pour les êtres vivants une telle illusion que des animaux terrestres – les ours – ont élu domicile sur ces masses d'eau fortement salée. En s'adaptant à ce milieu, ils ont évolué et sont devenus blancs, grands, gras et rusés. Ce sont les seules espèces habitant la terre ferme qui aient réussi l'exploit de survivre dans un milieu marin sans utiliser de bateaux. Comme d'autres pionniers de l'exploration des pôles, Nobile a découvert, à ses dépens, que les océans Arctique et Antarctique sont aussi mouvants que les autres mers. Marcher sur la banquise en tentant de se diriger vers le nord – ou tout autre point cardinal – est très ardu, car la calotte glaciaire se déplace continuellement et se divise en milliers de fragments de toutes tailles. Ceux-ci acquièrent ainsi un mouvement autonome, pivotent sur leur axe et forment un gigantesque puzzle tourbillonnant. Les plaques se heurtent et parfois se dressent comme d'immenses couteaux de glace surplombant la banquise, créant d'éphémères reliefs. Puis des icebergs s'en détachent. Longs, pour certains, d'une centaine de kilomètres, formidablement hauts et abrupts, plats à leur sommet comme certains hauts plateaux terrestres, ils dérivent lentement vers des latitudes plus clémentes. Sous l'effet de la chaleur, ils fondent et retournent à la mer où, des millions d'années plus tôt, ils se sont formés à partir de vapeur d'eau condensée en neige puis transformée en glace.
Lorsque l'on vole au-dessus des océans, on éprouve l'étrange sensation de se tenir sur le toit d'un monde secret où vivraient des populations innombrables et inconnues. Des créatures que l'on peut apercevoir quand le besoin de se nourrir ou de respirer les pousse à monter des profondeurs aquatiques vers la lumière. Ainsi, des bancs de poissons glissent sous la surface des eaux. Ils peuvent être si importants que, vus de haut, ils font penser à des îles. Dans leur course, les cétacés, les plus grands animaux connus du monde, gravent des sillages blancs sur l'outremer. Rien n'est là pour les arrêter, sur des milliers de kilomètres. Ils vont de côte en côte, d'archipel en archipel, du cap de Bonne-Espérance au détroit de Magellan, des bancs de Terre-Neuve à la péninsule Antarctique. Les baleines gagnent les hautes latitudes, puis se dirigent vers l'Équateur, suivant d'interminables parcours migratoires. Elles ne s'éloignent jamais beaucoup des terres, car leurs repas sont constitués des milliards de milliards d'organismes minuscules qui composent le zooplancton. Or, si les zones côtières en sont riches, le coeur des océans est un lieu de disette pour ces grandes créatures.
La mer produit et attire la vie, comme nous le prouve l'incroyable diversité des organismes qui la peuplent. Certains, comme les cétacés et les phoques, sont retournés à elle après une longue parenthèse de vie sur la terre ferme. La mer, témoin et acteur de toutes les époques de l'évolution de notre planète, reste le sanctuaire, unique et indivisible, de la vie.

22

Le mont Kirkjufell, en Islande, présente des formes étonnamment irrégulières depuis la fin de la dernière glaciation, quand la remontée des eaux des mers a profondément bouleversé le paysage côtier.

23

L'île de Skellig Rock, sur la côte de Kerry, en Irlande, ressemble au sommet émergé d'une montagne. Son point le plus haut avoisine 218 m.

24
Les falaises du Dorset, sur la côte sud de l'Angleterre, ont été inscrites sur la liste du patrimoine mondial de l'Unesco du fait de leur grande richesse en fossiles.

25
Oxford Beach, dans le Suffolk, dans le sud-est de l'Angleterre. Les eaux calmes de la mer du Nord baignent ses rivages dentelés.

26
Le rocher de Gibraltar, territoire britannique situé à l'extrémité de la péninsule Ibérique, se dresse au milieu d'un paysage au relief peu accidenté. Il constituait, sous le nom de mont Calpé, l'une des deux Colonnes d'Hercule.

27
Les roches calcaires de la côte de l'île de Cavallo sont tourmentées et creusées de grottes naturelles.

28

Des îlots rocheux ajoutent au charme de l'île italienne de Capri. Ils ont pour nom Stella (109 m), rattaché à l'île, « Îlot du milieu » (81 m), traversé par une galerie naturelle, et Scopolo (104 m), le plus éloigné de la côte.

29

Dans sa partie centrale, entre le bassin de Cala Feola et la région de Monte Guardia, l'île italienne de Ponza présente un paysage verdoyant. Elle doit cette fertilité à son origine volcanique.

30
Dans le sud-ouest de la Turquie, de Fethiye à Kas (photo), la côte lycienne est profondément entaillée par des bras de mer. Des rades s'y dissimulent. Elles sont le plus souvent désertes, car leur accès n'est pas facile et la région est peu peuplée.

31
Le joli village de Messaria, sur l'île grecque de Santorin, est typique des Cyclades. Les pirates ayant longtemps infesté la Méditerranée, ses maisons chaulées sont souvent édifiées sur les hauteurs.

32

Dans la mer Rouge, un royaume turquoise affleure la surface des eaux du détroit de Tiran, en Égypte, à l'entrée du golfe d'Aqaba.

33

La mer Rouge plonge brusquement à 800 m de profondeur au large de Ras Mohammed, une ancienne barrière de corail fossilisée, située à une vingtaine de kilomètres au sud de la station de Charm el-Cheikh, en Égypte.

34

L'île polynésienne de Bora Bora est ceinte d'une barrière de corail et d'une lagune parsemée d'îlots appelés *motu*. C'est la plus grande des îles Sous-le-Vent, elles-mêmes parties de l'archipel de la Société.

35

Cette petite île corallienne à la forme parfaite appartient à l'archipel des Maldives, une chaîne de 1 192 îles de toute taille s'étirant comme un collier de perles au sud-ouest de l'Inde, dans l'océan Indien.

36
L'archipel micronésien des Palaos inclut toute une série d'îlots recouverts d'une végétation très dense, les îles Rock.

37
Sur l'île hawaïenne de Kauai, dite « l'île jardin », des rochers de 600 m de haut plongent à pic dans l'océan Pacifique. Ils forment une barrière qui rend l'accès à la côte de Na Pali impossible en venant de la mer.

38

Les vagues de l'océan Pacifique viennent se briser sur la côte du Big Sur, qui court de la baie de San Francisco à la région de Los Angeles, en Californie.

39

Entre l'océan Pacifique et le littoral occidental du nord du Mexique s'interpose le long cordon de la péninsule de Basse-Californie. L'étroit golfe de Californie, ou mer de Cortés, sépare leurs deux côtes.

40
La rencontre est rude entre l'océan Atlantique et le littoral rocheux parsemé de récifs à fleur d'eau du Maine (États-Unis). Des phares comme ceux d'Owls Head (photo) ou de Rock Egg guident les bateaux pour qu'ils ne heurtent pas ces écueils..

41
Au Québec, sur l'une des îles de la Madeleine, un phare facilite la navigation des bateaux au débouché du golfe du Saint-Laurent.

42 et 43
Le long des plages du golfe du Mexique, aux États-Unis, une série de dunes basses et recouvertes d'arbustes marque la ligne sur laquelle se brisent les vagues.

44
Ces « trous bleus » au large du Belize sont des atolls submergés, aux parois souvent à pic couvertes d'éponges, de coraux et d'hydroïdes.

45
La mer des Caraïbes, caractérisée par des eaux turquoise et des récifs de corail, entoure Marina Cay, l'un des îlots paradisiaques de l'archipel des îles Vierges britanniques.

46
Un brise-glaces traverse les territoires du nord-ouest du Canada. Les très basses températures y ont produit la formation des blocs de glace flottants qui constituent la banquise, ou « pack ».

47
La langue de Drygalski est l'extrémité flottante du glacier de David. Elle s'étend sur environ 80 km le long de la côte occidentale de la mer de Ross, dans l'océan Antarctique.

DOUCES PLAINES ET COLLINES

Quel milieu naturel n'a pas été chanté par les poètes ? Mers, lacs, fleuves, montagnes et vallées, forêts, tous, jusqu'aux déserts et aux glaciers, ont trouvé des voix dans le monde entier pour célébrer toutes leurs beautés. Pourtant, les poèmes les plus lyriques et les plus empreints de nostalgie sont ceux inspirés par les plaines et les collines, y compris celles que personne n'avait jamais vues et dans lesquelles aucun homme n'avait vécu. Sans doute est-ce parce que les « basses terres » sont des lieux stables, à échelle humaine, et de ce fait rassurants.
Ainsi, le sentiment de paix intérieure que procurent certains paysages d'Afrique pourrait expliquer l'attrait puissant qu'elle a toujours exercé. Dans les plaines continentales des zones tropicales, la savane déroule son immense tapis, çà et là moucheté d'ombre par les acacias et les baobabs. L'herbe se couche sous l'ardeur du soleil. Elle plie sous le pas des éléphants, que l'on voit, d'en haut, se déplacer en groupes dispersés, s'égayant d'un arbre à l'autre en quête de leur nourriture. Puis apparaît un de ces villages ronds de pasteurs-guerriers, voilé par la poussière et la fumée de feux entretenus en permanence, ou reflété dans l'eau sage d'un fleuve alangui par le manque de relief.
Dans le sud de l'Éthiopie, au Kenya, en Tanzanie, s'étirent de douces collines sur lesquelles on distingue parfois des terrassements agricoles. Ils impriment une touche d'humanité sur cette nature toute de forêts éparses et de savanes d'un jaune éblouissant. Comment ne pas être submergé par l'émotion et la nostalgie face à des panoramas aussi somptueux ?
Les steppes de l'Asie centrale peuvent susciter la même mélancolie. D'immenses prairies de graminées légères et sauvages frémissent sous le vent en de longues ondulations. Lorsque l'on contemple ainsi, depuis le ciel, ces étendues embrasées par la lumière du soleil couchant, on éprouve un sentiment mêlé d'inquiétude et d'exaltation. L'uniformité des paysages, qui s'étendent sur des centaines de kilomètres dans chaque direction, fait paraître la présence humaine plus improbable que jamais. Pourtant, des signes de vie surgissent sporadiquement. De-ci de-là, une tente de nomades se dessine dans l'air glacé ; le vent disperse les fumées échappées d'un campement, et des troupeaux lointains projettent des ombres allongées sur le sol ras. Sur la toile jaune-vert des prairies, les derniers chevaux indomptés du monde ressemblent à des étoiles blanches.
La toundra se rattache à cet ensemble. Cette terre, la dernière que les glaciers aient abandonnée, il y a quelque douze milliers d'années, ne se qualifie pas volontiers d'accueillante. Son étendue grise, désespérément plate et marécageuse, recèle pourtant des trésors de beauté. Durant l'éphémère été arctique, mille fleurs aux couleurs vives illuminent de leurs feux cet espace sauvage. Des troupeaux de rennes et de caribous suivent la trace de pérégrinations millénaires, toujours en quête d'une maigre végétation qui, d'une année sur l'autre, au gré des saisons et de l'ensoleillement, gagne du terrain, le perd, puis le conquiert de nouveau.
S'il s'agit là de milieux extrêmes, il existe aussi toutes sortes de « basses terres » où domine l'empreinte des travaux agricoles. Ici, les œuvres des hommes font verdoyer les courbes douces des collines, jusqu'aux rondeurs de ces îles de l'archipel chilien de Chiloé, où chaque mètre carré de terre cultivable est exploité et qui ressemblent tant aux accueillantes campagnes d'Europe occidentale ou du nord-est américain. On est surpris de les découvrir en un tel lieu, quelques kilomètres à l'ouest des côtes du royaume du vent et de la solitude, la Patagonie.
Les campagnes les plus riantes sont à chercher dans l'ouest de l'Europe, en Angleterre, en Irlande et en France, ou dans le Nord-Est des États-Unis, en Nouvelle-Angleterre. Des fermes et de petites maisons aux couleurs claires y sont éparpillées sur des vallonnements champêtres. Leurs tendres pentes sont couvertes de prairies, leurs sommets couronnés d'ormes, de châtaigniers au port majestueux et de chênes séculaires. Les fleuves et les rivières creusent de larges vallées que ne troublent ni ombre ni profondeur inquiétantes. Tout est cultivé, maîtrisé, presque lissé par les soins que les hommes prodiguent à ces terres depuis des millénaires.

49
Vignobles piémontais aux environs de La Morra, dans le nord de l'Italie (à gauche) ;
rizières en terrasses dans le nord de la Thaïlande (à droite).

Au centre des États-Unis s'étendent les Grandes Plaines. Si l'on pouvait les embrasser d'un seul regard, on imaginerait sans doute un radeau à la dérive entre deux océans. Au levant, les vieux reliefs érodés des Appalaches le bordent, tapissés de forêts caduques. Au couchant se dressent les contreforts puissants des Rocheuses, annoncés par les éminences fuyantes des Black Hills (« collines noires ») et des Badlands (« mauvaises terres ») du Dakota du Sud. Cet étrange monde minéral évoque une mer en ébullition qu'une divinité, lasse de ce chaos irréductible, aurait pétrifiée en l'espace d'une seconde.

Les grandes plaines du monde reposent sur une base ferme, un socle clément qui n'est sujet à aucun soulèvement ou effondrement intempestif. C'est cette immensité uniforme et déconcertante des paysages de plaine qu'est venue animer une agriculture intensive et élaborée. Là où la nature semblait s'être reposée, sans chercher à créer d'autres effets qu'une platitude absolue, l'homme est intervenu. Dans les plaines les plus arides de Jordanie, des champs circulaires s'étendent par centaines, jusqu'à toucher l'horizon. Ces figures géométriques insolites, qui paraissent avoir été dessinées au compas, sont le fruit du système imaginé pour nourrir et rafraîchir sans relâche une terre épuisée par le soleil et le vent : des bras d'irrigation mécaniques tournant comme des aiguilles de montre.

Dans d'autres contrées plus tempérées, les cultures surprennent plutôt par leurs couleurs. Ainsi, les champs de myrtilles et de canneberges du Massachusetts font exploser d'intenses tonalités de bleu et de rouge violacé et dessinent d'insolites formes arrondies, parfois même des cœurs, sur le tapis brun sombre de marécages sablonneux.

Et que dire des rizières ? Vues du ciel elles forment l'un des spectacles les plus étonnants qui soient. Depuis deux ou trois milliers d'années, elles serpentent sur les collines d'Asie, s'y accrochent en anneaux concentriques d'un vert irréel. Leurs terrassements dessinent d'impeccables motifs, comme s'ils avaient voulu discipliner l'abondante chevelure des collines, tandis que de petites mers carrées sont disposées les unes à côté des autres, comme les cases d'un gigantesque échiquier imaginé par un fou génial. Le ciel, les nuages et les montagnes s'y reflètent tout entiers, en un spectacle éblouissant que l'on peut aussi bien contempler dans les plaines du sud de l'Himalaya que dans les campagnes tempérées de l'Italie du Nord.

En survolant les régions viticoles de la péninsule italienne, on aperçoit, sur des kilomètres à la ronde, de fines rangées parallèles. D'un vert vif, elles couvrent de vastes étendues de collines dont l'aspect aride étonne quand on connaît l'abondance de leur production. Martelée par le soleil, la terre semble perpétuellement assoiffée. Elle exhibe des couleurs de tuf, claires et brunes, parfois jaunes comme le loess, ou bien des teintes de « terre brûlée » qui expriment parfaitement la vitalité fragile mais obstinée de la vigne.

Le Monferrato et les Langhe, dans le nord-ouest de la péninsule, la plaine de Vérone, le Chianti toscan, au nord de Sienne, ou encore la péninsule Salentine, dans l'extrême sud-est de l'Italie... tous ces royaumes de l'agriculture paraissent avoir été créés autant pour le plaisir de l'œil que pour l'enchantement du palais. Terres des confins, ces plaines et ces collines longent l'invisible frontière qui sépare les régions froides des Alpes et des Apennins des « basses terres » chaudes. C'est à cette position médiane qu'elles doivent leur fortune. Les montagnes ne sont jamais bien loin : au-delà des vignobles, on entrevoit en arrière-plan les hauteurs alpines ou apennines, dont les paysages neigeux, éthérés et bleutés ne sont pas sans rappeler ceux des peintures chinoises.

Pour tirer leur subsistance de la nature, les hommes ont parfois entrepris des travaux titanesques. Du terrassement des hautes terres arides des Andes aux murets de pierres qui quadrillent à perte de vue les vertes campagnes d'Irlande, ces œuvres composent des paysages d'une grande beauté. On ne peut s'empêcher de penser, en voyant leurs maisons et leurs villages, à tous ceux qui, génération après génération, les ont façonnés. Aux immenses efforts qu'ils ont fournis, sans soupçonner l'effet merveilleux que procurerait, vu du ciel, le fruit de leur labeur.

De maigres champs cultivés selon des techniques millénaires peuvent aussi enfanter des paysages grandioses. Sur les pentes volcaniques des Canaries, chaque rameau cultivé est protégé du vent par de minuscules demi-lunes en pierres sèches qui humanisent ce milieu à la fois hostile et magnifique. Tous ces paysages sont les chefs-d'œuvre d'un art qui s'ignore. Un art si pur qu'il n'a jamais cessé, depuis des millénaires, d'émouvoir les hommes et d'inspirer les poètes.

52
Dans l'ouest du Bassin parisien, les maisons de ce village beauceron semblent se serrer pour laisser tout l'espace possible aux cultures.

53
Au pied des Alpes bavaroises, en Allemagne, une église blanche, isolée, s'élève près de deux routes se croisant à angle droit. Cette situation, bien que fortuite, compose une vision presque symbolique.

54

La campagne italienne est particulièrement belle dans la région de Verceil (Vercelli), entre Turin et Milan. Au printemps, les rizières inondées reflètent le ciel dans toute sa magnificence, depuis l'aube jusqu'au couchant.

55

Au cœur d'un domaine du Val d'Aoste, dans les Alpes italiennes, une maison blanche se détache sur l'habit d'automne des vignes.

56
Ce hameau isolé au cœur de la savane tanzanienne vit d'une très maigre agriculture associée à l'élevage de bétail. Il forme une sorte de coopérative agricole autonome.

57
Un patchwork de terres cultivées entoure d'un écrin de verdure cette grosse ferme égyptienne des environs de Louqsor. Les palmiers y sont exploités pour les dattes, la farine et l'huile qu'on en tire.

58
Un paysan moissonne son champ de blé dans le Rajasthan, État du nord-ouest de l'Inde.

59
Nahalal est une coopérative agricole située dans la vallée de Jezréel, en Israël. Le premier kibboutz fut créé dans cette vallée en 1921.

60-61
Plaine du Yunnan (sud-ouest de la Chine), couverte de rizières et de reliefs d'origine karstique.

62
En Nouvelle-Zélande, sur l'île du Nord, à l'automne, les troupeaux descendant des hauteurs pour gagner les vallées forment une éphémère nuée blanche.

63
L'île de Tasmanie, au large de la pointe méridionale de l'Australie, offre près de Little Swanport un paysage ample et fertile, avec des bosquets, de vastes zones cultivées et des pâturages.

64
Les moutonnements des fertiles terres de Palouse, dans l'État de Washington, États-Unis, évoquent une mer solidifiée.

65
Chaque phase du cycle agricole crée un nouveau paysage : dans la Saskatchewan, au Canada, une fois la moisson effectuée, la présence d'un bosquet fait apparaître des cercles concentriques.

66
Champs de blé, comté de Toole, dans le Montana (États-Unis).

67
C'est en 1760 que la vigne fut introduite en Californie. Un siècle plus tard, la vallée de Napa comptait une cinquantaine de producteurs de vin.

68-69
La canne à sucre est la principale culture dans la vallée de Los Ingenios, à Cuba.

CATHÉDRALES DE ROCHE

Notre planète est formée d'un ensemble d'écosystèmes qu'une subtile continuité relie entre eux. Au fur et à mesure de leur expansion, les populations des diverses espèces humaines (nous savons aujourd'hui que nos lointains ancêtres ont cohabité avec d'autres lignées humaines) ont d'abord occupé les régions de faible altitude. L'homme s'est instinctivement dirigé vers des zones à la végétation la plus favorable, avant de s'approprier les hauteurs, moins clémentes. Les plaines et les régions de collines ont ainsi vu s'épanouir les toutes premières cultures et traditions, qui se sont ensuite diffusées lentement, comme un gaz léger qui infiltre le moindre interstice. Si, dans maintes civilisations, la mer a longtemps été considérée comme le domaine stérile de la mort, la montagne apparaissait quant à elle comme le royaume de la terreur, la demeure des dieux, dans laquelle aucun humain ne pourrait jamais pénétrer. Pourtant, sous l'effet de la pression démographique – la cause de toutes les transformations que les hommes ont imposées à la planète –, ces portes inviolables se sont peu à peu ouvertes. Au cours des millénaires, les pentes des Alpes et de l'Himalaya et les hauts plateaux des Andes ont été soustraits à la nature sauvage. Des peuples s'y sont installés, apprenant à respirer un oxygène plus rare, élaborant des coutumes, des doctrines et des philosophies très différentes de celles forgées par les habitants des « basses terres ». Enfin, après des siècles d'évolution des conditions de vie et des savoirs, les hommes sont devenus alpinistes et, surtout, ils ont conquis les airs. Motivés par des enjeux scientifiques, commerciaux, sportifs, ou simplement par défi ou par loisir, ils ont alors eu la possibilité d'atteindre les domaines des cimes. Notre planète connaît plusieurs types de montagnes, réparties selon leur mode de formation. Les chaînes rocheuses « positives » résultent d'une déformation de l'écorce terrestre due à la collision des continents, lors de leur lente dérive. Les plus anciens massifs (et aussi les plus rares) de cette catégorie sont aujourd'hui, en général, les moins élevés car ils ont subi la plus longue période d'érosion. Du plissement « calédonien » nous restent de vénérables hauteurs, dont la doyenne, à l'âge de 400 millions d'années, se trouve en Écosse. D'autres se dressent en Asie, dans le nord de l'Himalaya et du haut plateau tibétain, d'autres encore en Afrique, en Éthiopie et au Zimbabwe. Le plissement hercynien, qui se produisit il y a près de 230 millions d'années, souleva la terre dans l'Est australien, puis dans cet immense gisement de massifs qu'est l'Asie centrale. Enfin, les rides les plus prononcées de la surface de la planète apparurent il y a 70 à 15 millions d'années, lorsque s'édifia le plissement alpin, le plus récent. Les Alpes, l'Atlas, les Andes, les Rocheuses, l'Himalaya, royaume des neiges éternelles, et toute la succession de massifs qui s'étend de l'Hindū Kush aux monts Zagros, en sont les déclinaisons. Le soulèvement de l'écorce terrestre est la résultante de pressions titanesques, de considérables tensions entre hauteurs et profondeurs. C'est ce dont témoigne la présence, en altitude, sur le noyau granitique des montagnes, de couches de roche calcaire d'origine sédimentaire, qui se sont formées au fond d'océans disparus avant d'être ainsi propulsées vers les cimes. C'est le cas des plus hauts massifs du monde, comme l'Everest, dont les couches supérieures présentent des strates horizontales qui rappellent celles que l'on voit habituellement sur une falaise. Les Dolomites, à leur façon, en témoignent aussi. Lorsqu'on les survole, on a l'impression d'être immergé dans un aquarium géant à l'eau très pure et aux fonds envahis de gouffres et de pics. Une telle sensation n'a rien d'étonnant car ces reliefs spectaculaires sont d'anciens récifs coralliens. Ils ont subi une formidable poussée vers l'air libre, puis ont été submergés à nouveau avant de resurgir, dressés vers le ciel. Il s'agit là de montagnes beaucoup plus « tendres » que les autres, car elles contiennent assez peu de roches ignées, comme le granite, ou métamorphiques, comme le gneiss. Contrairement à ce que l'on pourrait penser, les montagnes sont donc étroitement liées à la mer, et il n'est pas rare de découvrir des ammonites et des coraux fossiles haut perchés dans les cimes : les fameux *saligram* que l'on peut trouver dans l'Himalaya, où ils sont utilisés comme amulettes, sont des coquilles de nautiles fossilisées ; ces

71
Le mont Nuptse, au Népal (à gauche) ; le mont Cook, en Nouvelle-Zélande (à droite).

vestiges d'un lointain passé étaient ensevelis dans les fonds marins d'où la chaîne a émergé, il y a quelque 70 millions d'années.

Les montagnes « négatives » étaient, à l'origine, de hauts plateaux. Rongés et sculptés par l'érosion, ils ressemblent aujourd'hui à d'immenses bas-reliefs. La Monument Valley, qui s'étend aux confins de l'Utah et de l'Arizona, aux États-Unis, et le Wadi Rum, en Jordanie, font partie de ce groupe. Ces montagnes forgées en creux, plutôt qu'en relief, présentent souvent des stratifications de roches extraordinaires, où se côtoient des tons intenses de rouge, de blanc et de violet dans des plis au tracé incroyablement compliqué. Dans ce cas encore, la mer en constitue la matrice. Le grès de ces éminences que sont les *mesas*, les *buttes* et les instables *fingers* du Sud-Ouest américain résulte lui aussi de dépôts successifs de sables sur des fonds marins très anciens, désertés par l'eau à une époque où les dinosaures régnaient encore sur la planète.

Les montagnes « actives » forment un troisième groupe : ce sont les volcans, qui s'élèvent pratiquement seuls, par leurs propres forces. Nourris par le magma et la lave qui montent des profondeurs de la Terre, ils les projettent en surface, en reliefs superposés. Et de quelle manière ! L'éruption d'un volcan est peut-être l'événement le plus bouleversant et le plus brutal qui soit, le plus proche de la notion de surnaturel. Les volcans ont d'ailleurs été considérés comme des dieux par de nombreuses civilisations. Pour s'attirer leur bienveillance, les Incas leur sacrifiaient des enfants. Des siècles plus tard, on retrouve sur les pentes glaciales des volcans, parfois à très haute altitude, leurs corps intacts, « momifiés » par le froid, comme endormis. On raconte aussi que, pour eux, les Polynésiens immolaient des vierges, les précipitant dans le ventre de la Terre pour qu'elle s'apaise et ne balaie pas tout sur son passage. En l'an 79 de notre ère, Pline l'Ancien périt asphyxié par les cendres du Vésuve pour n'avoir rien voulu perdre de ce spectacle à la fois monstrueux et fascinant.

Observer une éruption volcanique depuis le ciel est une expérience qui laisse un sentiment de profond malaise. Ce n'est pas la terreur primitive que l'on peut éprouver sur terre si l'on est directement confronté à des panaches de fumées brûlantes, illuminés par des éclairs ou des fontaines de feu, s'élevant à des dizaines de kilomètres de hauteur, puis s'étalant jusqu'à épouser la courbe de l'horizon, mais une inexplicable nausée, sans doute l'expression d'une peur ancestrale inscrite en chacun de nous. Même lorsqu'elles se produisent hors de notre système terrestre, sur des corps célestes, les éruptions laissent un sentiment d'effroi.

Les montagnes dont les pentes sont les plus longues se comptent parmi les volcans, et, dans la plupart des cas, parmi les plus jeunes, les plus instables et les plus éphémères. On compte ainsi près de 10 000 mètres de dénivelé entre le plancher marin et le sommet du Mauna Kea, à Hawaï. Ce volcan est sans doute le relief le plus proche de la limite absolue de hauteur physiquement possible. Car selon la théorie de l'isostasie – un principe analogue à celui de la ligne de flottaison –, aucun relief ne peut s'élever au-delà de 10 000 mètres sans s'enfoncer, sous son propre poids, dans la couche visqueuse sur laquelle dérivent les continents. L'Anak Krakatoa, l'« enfant du Krakatoa », fit l'effet d'un funeste présage quand il surgit juste après la tonitruante disparition, dans les flammes et les fumées de son volcan-père. La dislocation et le tsunami que ce dernier engendra ébranlèrent la moitié du monde en 1883. De petite taille à la naissance, son rejeton est à présent haut de 450 mètres, et continue de grandir.

Les montagnes sont souvent associées métaphoriquement à des idéaux humains comme la pérennité et l'élévation spirituelle. Elles en sont, en réalité, l'exact contraire : perpétuellement en évolution, elles s'usent, s'affaissent, naissent ou s'écroulent, englouties sans préavis dans les ténèbres. À notre échelle, ce processus se manifeste de temps en temps par des sursauts plus ou moins intenses de l'écorce terrestre. Mais la vie des montagnes se déroule sur une échelle de temps qui n'est pas comparable avec celle de la vie humaine : les Alpes, l'Himalaya et les Rocheuses continueront de s'élever lentement pendant encore des millions d'années, avant de commencer à s'effriter, comme les Appalaches, vouées à se transformer en plaine. En revanche, un grand nombre de volcans actifs promettent encore des surprises impressionnantes.

Laissons donc de côté le mythe de l'immutabilité des montagnes pour nous concentrer sur leur belle vitalité, particulièrement frappante lorsqu'on les admire depuis le ciel...

74 et 75
Le sommet de l'Eiger, qui s'élève au cœur des Alpes suisses, est parfois ceint d'une mer de nuages (à gauche). Sa face nord forme un véritable mur (à droite).

76

Le massif du Mont-Rose, entre la Suisse et l'Italie, culmine à la pointe Dufour (4 634 m). D'après la tradition, son nom viendrait de la couleur rose qui le fait étinceler à l'aube et au coucher du soleil, mais une autre explication le ferait plutôt dériver du mot celte *roza* (« glace »).

77

Dans les Alpes, à la frontière entre la Suisse et l'Italie, le Cervin, ou Matterhorn, a été exploré sous toutes ses faces. Au point que ses parois sont parsemées de cordes, d'échelles et de clous.

78-79
Conquis en août 1786, le mont Blanc et son massif ont joué un grand rôle dans l'histoire de l'alpinisme. Tous les ans, des milliers de passionnés viennent du monde entier escalader leurs pentes.

80
Le massif de Brenta s'étend sur plus de 40 km suivant un axe nord-sud dans le nord-est de l'Italie. Il est inclus en totalité dans le parc naturel Brenta-Adamello.

81
Les sommets du massif du Catinaccio, également appelé Rosengarten (« jardin de roses »), dans les Dolomites, forment une très impressionnante série de tours rocheuses.

82

Le cratère couronnant le Kibo offre une vue spectaculaire. Avec ses 5 895 m d'altitude, ce grand volcan blanc, éteint, situé sur le mont Kilimandjaro, est la plus haute montagne de Tanzanie et d'Afrique.

83

L'Ol Doinyo Lengai s'élève en Tanzanie, près du lac Natron. Ce volcan actif et éruptif situé dans la grande faille africaine est la montagne sacrée des Massaï. Son nom signifie pour eux « montagne de Dieu ».

84

Dans le pays sherpa, la région du Khumbu, au Népal, les derniers rayons du soleil embrasent le Cholatse (6 440 m) et le Tawoche (6 542 m).

85

Parmi les montagnes les plus impressionnantes du monde figurent celles de la chaîne de l'Himalaya. Le mont Everest, au Tibet, et le mont Nuptse, au Népal (photo), en sont deux des fleurons.

86
Deuxième plus haut sommet du monde avec 8 611 m, le K2 s'élève sur la frontière entre le Pakistan et la Chine. Sa cime fut atteinte pour la première fois en 1954, par une expédition italienne.

87
L'Annapurna (la « déesse des récoltes ») offre un profil d'une grande pureté sous les rayons du soleil couchant.

88
Aujourd'hui couvert de glace, le mont Wrangell, dans le sud-est de l'Alaska, est un ancien volcan. Sa dernière éruption remonte à 1907.

89
Du mont Saint Helens (État de Washington, États-Unis) et de son dôme de lave s'élèvent en permanence des vapeurs. Ce volcan actif fait partie de l'« anneau de feu » qui encercle l'océan Pacifique.

90

Destination touristique très fréquentée, le mont Whitney (4 418 m), en Californie, dans le Sequoia National Park (États-Unis), est aussi le sommet le plus couru de la Sierra Nevada.

91

Le mont Rainier (4 392 m), à l'est de Seattle, dans l'État de Washington (États-Unis), est un volcan éteint de la chaîne des Cascades. Chaque année, des milliers de grimpeurs en entreprennent l'ascension.

92
Dans le sud de l'Argentine, en Patagonie, la cime du Cerro Torre se détache parmi les cathédrales granitiques de la frontière chilienne.

93
Un nuage obscurcit le sommet du Fitzroy, redevenu El Chaltén, nom que lui donnaient à l'origine les indigènes tehuelches.

94
Les Alpes néo-zélandaises courent sur toute la longueur de l'île du Sud. Leur formation est encore récente et elles continuent à s'élever.

95
Un jeu d'ombres et de lumières magique anime le mont Cook, le plus haut sommet de la Nouvelle-Zélande avec ses 3 754 m. Des tempêtes de neige aussi soudaines que violentes y surviennent fréquemment.

LE MONDE DES FORÊTS

Vues du ciel, les grandes forêts de la planète dégagent une forte impression de mystère. Tel un couvercle hermétique, la canopée semble masquer des profondeurs insondables, comparables à celles qui se dissimulent sous la surface de l'océan, ou encore dans le vide de l'espace, au-delà des couches les plus éloignées de l'atmosphère. Ainsi, l'Amazonie abriterait sous son immense frondaison un monde décrit, du moins par ceux qui n'y ont pas grandi, comme un « enfer vert ». Nick Nichols, photographe naturaliste pour le National Geographic, raconte par exemple que quiconque se trouve contraint d'atterrir au cœur de cet univers peuplé d'arbres gigantesques doit s'attendre à être accueilli, au mieux, « par des oiseaux mangeurs d'araignées et par des singes mangeurs d'oiseaux ».

Que ce soit l'Amazonie, la taïga, les forêts du Congo et du Queensland en Australie, ou les immenses bois de conifères du Canada, les forêts font penser à de lointains océans ponctués d'îles. Celles-ci peuvent être tantôt formées par les canopées d'arbres encore plus grands, tantôt par des plateaux comme celui du Venezuela, d'où se jette, à 1 000 m, le Salto Ángel, la plus haute cascade de la planète, découverte – coïncidence – par un aviateur et aventurier américain en 1930.

La forêt de l'Amazonie, la plus grande du monde – et la plus menacée –, offre quelques-uns des paysages les plus extraordinaires que l'on puisse observer du ciel. Quand on la survole, on éprouve d'abord une sensation de vertige en imaginant toutes les créatures qui se cachent sous cette mer de verdure. Mais le regard est bientôt happé par des images inspirant une angoisse d'une tout autre nature : dans ce manteau forestier primaire qui recouvre tout le bassin de l'Amazone et qui est demeuré intact pendant 80 millions d'années apparaissent de vastes trouées ; à commencer par celle de la fameuse autoroute Transamazonienne, dont le passage en une impeccable ligne droite a nécessité l'abattage de milliers de kilomètres carrés de forêt. Certes l'effet visuel est superbe mais les conséquences de ce déboisement sont désastreuses pour l'environnement. Le recul de la forêt se constate de façon aussi alarmante lorsqu'on survole la forêt équatoriale du Congo et les jungles asiatiques de Sumatra, de Bornéo et de Nouvelle-Guinée.

Pourtant, partout où les activités humaines ne sont pas venues interrompre leur progression, les deux grands types de forêt – tropicale et tempérée – ont eu naturellement tendance à s'étendre et à remplir les vides, dès que le sol et le climat les y autorisaient. Ce phénomène paraît évident vu du ciel : il suffit par exemple de regarder la ligne incroyablement nette qui serpente sur les crêtes montagneuses de l'Oregon, aux États-Unis, marquant la limite entre la forêt et le désert. D'un côté, voici le royaume des arbres ; de l'autre, à peine un mètre plus loin, pas la moindre touffe d'herbe ne parvient à pousser.

La taïga sibérienne dessine elle aussi de semblables contrastes : cet immense fleuve de conifères hauts et élancés, qui projettent leurs longues ombres sur les champs de neige et sur les prairies, traverse l'Asie septentrionale, séparant d'un côté la toundra, de l'autre des déserts continentaux.

Dans les régions de l'est des États-Unis ont survécu d'immenses étendues d'espèces à feuilles larges : érables, hêtres, bouleaux, châtaigniers, ou encore chênes. Certaines sont toujours constituées de forêt primaire, laissée intacte par l'homme depuis ses origines. Quand arrive l'automne, tous ces arbres embrasent de leurs couleurs flamboyantes les très anciennes montagnes des Appalaches qui s'étendent à l'est des Grandes Plaines.

Les innombrables bois dispersés dans les campagnes de régions telles que le Wiltshire ou le Devon en Angleterre offrent un tout autre spectacle, bien plus

97
Une forêt près d'Arrowtown, en Nouvelle-Zélande (à gauche) ;
la taïga canadienne à proximité de Fairbanks (à droite).

domestiqué. Mais de vastes zones forestières subsistent en France et en Allemagne, certes entamées par la civilisation, mais encore suffisamment étendues pour pouvoir être considérées comme les précieux « poumons » de l'Europe. En survolant la Forêt-Noire d'Allemagne, on comprend mieux l'origine de son nom : les conifères qui la composent sont d'un vert-noir si sombre qu'ils absorbent la lumière. Rien d'étonnant à ce que les ogres et les sorcières des contes de Grimm aient choisi de s'établir là, à cette époque lointaine où la forêt recouvrait encore la plus grande partie du vieux continent européen. De longues routes bien droites se dessinent clairement dans cette masse noire, comme si on avait voulu éviter de troubler l'équilibre de ces territoires par des courbes intempestives. Dans cette mer de résineux, les clairières ressemblent à des îles en creux.

Au New Hampshire, dans le nord-est des États-Unis, la nature et l'homme semblent avoir conjugué leurs efforts pour créer l'un des panoramas les plus paisibles et les plus harmonieux qui soient. S'y déploie un éventail d'amples collines vieilles de 200 millions d'années. L'activité humaine s'est concentrée au fond des larges vallées et le long de la Saco River, qui déroule ses méandres réguliers sur des kilomètres. Bois et bosquets s'éparpillent sur ces doux paysages campagnards.

Un sentiment d'étrange familiarité vous saisit lorsque vous survolez les versants méridionaux de l'Himalaya, comme si vous découvriez une sorte de Suisse ou d'Autriche asiatique. Ici, entre 2 000 et 3 000 m d'altitude, juste au pied des sommets de glace et de roche, poussent des rhododendrons géants, des cèdres deodora (qui peuvent atteindre 60 m de haut) et d'autres conifères ; un peu plus bas s'épanouit une population feuillue de figuiers banians, de chênes et de hêtres. À ces altitudes élevées où rien ne devrait en principe pousser, toute cette verdure doit son existence à l'humidité venue des plaines de l'Inde septentrionale qui adoucit le climat. Encore plus bas, les bois laissent la place à de grandes prairies en pente douce où paissent des troupeaux ; elles sont ponctuées de petits temples de pierre, repérables à leurs fanions qui font flotter dans l'air autant de prières à la « Demeure des Neiges », l'un des nombreux surnoms que l'on donne à l'Himalaya.

Du ciel, les forêts du monde paraissent encore plus impénétrables qu'à hauteur d'homme. L'on comprend mieux ainsi comment elles ont pu servir de refuge à tant de créatures – humains ou animaux – pendant des millénaires ; comment elles ont pu conserver leurs secrets – autels druidiques, sabbats, etc. – pendant si longtemps. Mais depuis moins de deux siècles, nous avons percé leurs secrets. Nous savons que notre survie dépend exclusivement du maintien du manteau forestier. Paradoxalement, avant que la science ait établi la preuve du rapport vital qui existe entre les plantes et nous, nous respections davantage la nature, tant les peurs et les tabous qu'elle inspirait nous en tenaient éloignés. Aujourd'hui, nous savons – mais sans agir en conséquence – que les forêts sont en train de disparaître. Alors, observons-les bien, ces forêts, et soyons conscients que, si nous ne changeons rien à nos comportements, d'ici quelques années – 10 à 15 ans selon certains –, l'Amazonie sera devenue un désert.

100
Pendant le très long hiver finlandais, les forêts qui bordent la Kitka sont gelées. La rivière naît près du lac Kitkajärvi et conflue avec l'Oulanka.

101
Un jeu d'ombres sur la neige paraît multiplier les arbres de cette région des environs d'Oulanka (Finlande).

102
Les contrastes de couleurs et de volumes entre les forêts, les champs et les fleuves animent le paysage naturel du parc national de Kellerwald, au sud-ouest de Kassel (Hesse), en Allemagne.

103
Près du cercle polaire, à l'est de la Finlande, les forêts du parc naturel d'Oulanka sont traversées par la rivière Kitka, dont le parcours est parsemé de rapides et de chutes spectaculaires.

104
Les gorges de Diosso sont de spectaculaires falaises du bassin de Pointe-Noire, dans le sud du Congo. Bien que situées au milieu de la forêt, c'est par la mer, puis par le vent qu'elles ont été érodées.

105
Sur les berges du lac Victoria, de vastes régions boisées alternent avec des marécages et avec des forêts à feuillage persistant.

106 et 107

Au cours de l'automne, les tons de rouge et de jaune explosent dans les forêts de Nouvelle-Angleterre, dans le nord-est des États-Unis. Ils viennent des pigments caroténoïdes, abondant dans les végétaux, qui deviennent visibles lorsque les feuilles commencent à se faner.

108
Un parterre de conifères et d'arbres au feuillage d'un jaune éclatant s'étend devant le mont Marcellina, dans le Colorado (États-Unis).

109
Le parc national du Grand Téton, dans le Wyoming (États-Unis), situé dans la partie centrale des Rocheuses, protège des paysages de montagne, de grandes étendues vertes et des forêts de conifères.

110-111
De nombreux pays du continent sud-américain abritent des forêts pluviales. La forêt équatorienne d'Ox-Bows (les « bras morts ») est parcourue par le Rio Cononaco, qui connaît des crues fréquentes.

LE CYCLE DE L'EAU

Les hauts plateaux du Tibet, appelés à juste titre le « toit du monde », s'étagent entre 3 000 mètres et 5 000 mètres dans l'Himalaya. Légèrement inclinés dans la direction est-nord-est, vers l'Asie orientale et méridionale, ils forment une gigantesque ligne de partage des eaux, recueillant les énormes quantités d'eau douce en provenance des grands glaciers et des névés de l'Himalaya. D'une manière certes moins spectaculaire, toutes les terres émergées remplissent pareille fonction. Îlots, îles et continents, tous sont en réalité des versants qui reçoivent des milliards de tonnes d'eau issue de la condensation des eaux océaniques transformées en nuages puis en pluie. Ainsi, du « dos » montagneux des continents s'écoulent d'abord les eaux des pluies, puis celles des lacs de haute altitude qui se resserrent en cascades et en torrents avant d'aller alimenter les veines bleues et sinueuses des rivières et des grands fleuves, les réseaux nourriciers des civilisations. Progressant de leur force primitive à travers des gorges et des plaines qui reçoivent encore d'autres eaux, les fleuves retournent alors à la mer. Ainsi va le cycle de l'eau, de la mer à la terre et de la terre à la mer, en une perpétuelle noria.

Le lac Mānasarovar, au Tibet, les lacs de Bāmyān, en Afghanistan, le lac Titicaca, entre le Pérou et la Bolivie, sont situés à une très haute altitude et donc très proches de leurs sources. Entourés de terres rocheuses arides et jaunies par le soleil, ils semblent capter et refléter le bleu du firmament. Vus d'avion, tous les lacs de la planète évoquent des « miroirs du ciel », qu'il s'agisse de la moindre poche d'eau oubliée par les glaciers dans les recoins les plus élevés du monde, ou des merveilles artificielles controversées comme le lac Powel aux États-Unis et le lac Nasser en Égypte. Des milliers de kilomètres séparent ces deux retenues d'eau, mais l'une et l'autre, en inondant des vallées très anciennes et presque totalement arides, produisent un même effet chromatique : un bleu particulièrement intense. À leur surface scintillent par centaines les points blancs des bateaux. Seule la forme de ces derniers diffère : ici d'antiques felouques, là des voiliers modernes et des bateaux à moteur.

À mesure qu'elles s'écoulent vers l'aval, les eaux vives atteignent leur puissance maximale. Lorsqu'elles traversent des zones de failles où la croûte terrestre forme de larges gradins, elles dévalent ces paliers avec force. Les plus grandes chutes de la planète ont pour cadre de grandioses amphithéâtres naturels recevant des centaines de milliers de mètres cubes d'eau par seconde. Les spectacles impressionnants qu'elles livrent au regard n'ont pas grand-chose à voir avec l'importance de leur dénivelé ; ainsi, il suffit de quelques dizaines de mètres d'à-pic aux « basses » chutes du Niagara pour créer un enfer liquide d'une puissance effrayante. De même, les chutes Victoria, le long du Zambèze, à la frontière du Zimbabwe et de la Zambie, déploient en un éventail de 1 700 mètres d'envergure le plus grand rideau liquide du monde. S'il est presque impossible de l'observer dans son intégralité au niveau du sol, le grondement de tonnerre qu'il diffuse à des kilomètres à la ronde donne une idée de son importance. À ces cataractes qui déversent leurs flots sur des largeurs records s'opposent les minces colonnes d'eau qui se jettent de falaises et de murailles naturelles mesurant près de un kilomètre de haut. En survolant le Salto Ángel (980 mètres), la chute la plus élevée du monde, au Venezuela, les Tugela Falls (948 mètres), en Afrique du Sud, ou les dizaines de cascades hawaïennes comme Olo'Upenal (900 mètres), la troisième du monde par sa hauteur, on ressent

113
Les flaques d'eau sulfureuse du parc national de Yellowstone, aux États-Unis (à gauche) ;
le lac Natron, en Tanzanie, riche en carbonate de sodium (à droite).

une sorte de vertige. Deux régions du globe détiennent un nombre record de chutes de ce type : les deux Amériques et la Norvège. Dans cette partie de la Scandinavie, les cascades ressemblent à de longs voiles blancs que l'on aurait tendus entre la crête des fjords et l'eau bleue qui s'écoule en contrebas.

Dans les plaines, les fleuves deviennent paresseux. Ils décrivent d'amples méandres, tels ceux du Missouri et du Mississippi aux États-Unis, de l'Ienisseï en Sibérie ou du Yangzi Jiang (fleuve Bleu) en Chine. De grands lacs d'eau douce se forment, profitant de la moindre dépression. En Amérique du Nord, à l'intérieur des territoires s'étendant du Nord-Ouest canadien jusqu'à l'État du Michigan, l'eau et la terre ferme ne cessent de se disputer la prééminence. Ici la toundra et les bois de bouleaux laissent place au Grand Lac de l'Ours, là la forêt de conifères embrasse l'Athabaska et le Winnipeg, là encore le lac Michigan s'étire jusqu'à Chicago et fait miroiter les gratte-ciel dans ses eaux.

Le Grand Lac des Esclaves, dans le nord-ouest du Canada, présente un aspect très particulier. La nature et la forme du terrain, de faible altitude, emprisonnent l'eau comme au fond d'une cuvette, entraînant la formation de marécages labyrinthiques en une sorte de fusion chaotique entre la terre et l'eau. La partie centrale de ces marécages, en particulier, offre une vision des plus déroutantes à nos yeux habitués aux agencements symétriques et réguliers de notre environnement quotidien. On retrouve pareille tourmente en différents points du monde, partout où de vastes marécages se forment à l'embouchure de grands fleuves ou bien au fond de larges bassins hydrogéologiques. Vus d'avion, ces écosystèmes complexes semblent vouloir défier notre sens de l'ordre. Il en est ainsi des immenses Everglades, dans le sud de la Floride et de leur enchevêtrement de mangrove et de plantes persistantes hautes de plusieurs mètres. À l'intérieur de cette étendue impénétrable, surnommée de façon éloquente « la mer d'herbe » et devenue le refuge de dizaines d'espèces animales menacées, la fusion entre l'eau et le monde végétal est totale. Sous la coupole de la mangrove se dissimule une myriade de canaux, d'étangs et de mares aux reflets sombres. Autre marais impénétrable : le delta du Nil, en Égypte. On ne s'étonnera pas que des dieux comme Seth, le meurtrier d'Osiris, aient établi là leur demeure, menant leurs noirs desseins bien à l'abri sous l'épaisseur des papyrus. Aux îles Hawaï, dans l'océan Pacifique, la forte humidité a créé une profusion de marécages au fond des vallées montagneuses. Ces « serres » naturelles abritant une multitude d'espèces végétales et animales uniques au monde sont aujourd'hui menacées. Le nombre de ces espèces diminue inexorablement, malgré les mesures conservatrices récemment engagées. Du ciel on peut en effet apercevoir les étroites passerelles, longues de plusieurs centaines de mètres, installées au-dessus des marais pour faciliter l'accès des botanistes et des chercheurs chargés de contrôler et de soigner les variétés de faune et de flore ayant eu la chance de survivre jusqu'à nos jours dans cet archipel du Pacifique.

L'Afrique présente des deltas très particuliers, qui composent de vastes zones inondées. Au Botswana, l'Okavango achève son cours par un delta unique en son genre : au lieu de se déverser directement dans l'Atlantique, ses eaux se dispersent largement dans la plaine côtière, formant l'un des plus gigantesques ensembles marécageux du monde. Parfois, depuis le ciel, on peut y distinguer des « routes » d'eau : leur ligne brune a été tracée par les hippopotames se déplaçant le long des canaux couverts de végétation qui sillonnent le delta.

Aux embouchures se produit une phase importante du cycle de l'eau : c'est ici que l'eau douce quitte les terres émergées pour retourner à la mer. Là elle se charge du sel qu'elle avait perdu au cours de l'évaporation. Bientôt, sous l'action du soleil, des nuages s'élèveront de nouveau au-dessus de l'océan, puis vogueront comme d'immenses galions blancs vers les continents où ils se condenseront en pluie. Alors, la noria de l'eau aura accompli un nouveau tour complet entre le ciel et la terre.

GEOPANORAMA LE MONDE

116 et 117

Le Thjórsá est le plus long fleuve d'Islande. Dans sa course, il arrache des particules minérales à la roche volcanique dans laquelle il fraye son chemin. Elles donnent à ses eaux ces couleurs particulières.

118

L'Oulanka est un fleuve bordé par une végétation verdoyante. Né dans le Kuusamo, sous le cercle polaire arctique, en Finlande, il traverse ensuite la Carélie russe pour se jeter dans la mer Blanche.

119

La Tamise passe sous le charmant pont de Swinford. Bien que son cours soit assez bref, elle est presque entièrement navigable.

120-121
Plusieurs bassins de pêche ont été créés dans la lagune vénitienne. Ils sont délimités par des digues de terre équipées d'écluses. Ces dispositifs permettent de réguler le niveau des bassins et de contrôler le renouvellement de leurs eaux.

122 et 123
Aux environs de Louqsor, dans la partie sud de l'Égypte, la campagne bordant le Nil est verdoyante et les cultures très denses.

124
Le lac Turkana s'étend au nord du Kenya, dans l'effondrement de la Rift Valley. Autour de lui s'étendent des champs de lave désolés, d'où émergent des volcans comme le Nyabuyatom.

125
Le lac Natron, à la frontière entre la Tanzanie et le Kenya, est un bassin salé situé dans un écrin de volcans. Il est entouré par une savane aride qui se transforme parfois en un désert pierreux.

126
L'Okavango dépose tous les ans dans son delta, vaste zone humide au cœur du Botswana, plus de deux millions de tonnes de sable, qui se dispersent en formant des milliers de rigoles et de lagunes.

127
Les chutes Victoria, à la frontière entre la Zambie et le Zimbabwe, forment le plus long rideau d'eau du monde. Lors des crues du Zambèze, entre février et mars, leur débit atteint 500 millions de litres par minute.

128

Le Yangzi Jiang, ou fleuve Bleu, parcourt environ 6 000 km. C'est le plus long cours d'eau de Chine. Le Huang He, ou fleuve Jaune, qui traverse le territoire chinois d'ouest en est, vient en seconde position avec un cours de près de 5 000 km.

129

Dans les États malaisiens de Sabah et de Sarawak, les transports se font surtout par voie fluviale, car le relief accidenté des régions de l'intérieur fait obstacle au développement du réseau routier.

130

Un cours d'eau aux tons de turquoise serpente entre des zones boisées. Ces forêts couvrent l'arrière-pays qui ferme la plage de Whitehaven, dans les îles Whitsunday, en Australie.

131

Un fleuve ondule tel un serpent dans une plaine gréseuse de la terre d'Arnhem, dans le parc national de Kakadu (nord de l'Australie).

132
Les vallées abruptes du parc national hawaïen de Kalaupapa, sur l'île de Molokai (États-Unis), sont parsemées de cascades interrompues, dans leur chute, par une succession de bassins.

133
Deux petits bassins sont perchés sur la ligne de faîte de la Lao Valley, sur Maui, l'une des îles de l'archipel d'Hawaï (États-Unis).

134

Les montagnes Rocheuses se reflètent dans les lacs du parc national de Banff (Canada), réputé pour ses sources thermales.

135

Les spectaculaires Canadian Falls, ou Horseshoe Falls (« chutes du fer à cheval ») ont un dénivelé de 49 m sur une largeur de 790. Avec les American Falls, hautes de 51 m et larges de 305, et les petites Bridal Veil Falls, elles forment les chutes du Niagara, qui, à la frontière entre les États-Unis et le Canada, relient le lac Ontario au lac Érié.

136
Point de confluence sur le fleuve Colorado, dans l'Utah (États-Unis).

137
En un plongeon vertigineux de 94 m, les Lower Falls précipitent la Yellowstone River au fond du Grand Canyon de Yellowstone.

138
Les célèbres bayous du Mississippi sont des bras morts du fleuve. Leurs eaux, peu profondes, s'écoulent avec lenteur.

139
Au pied d'arbres au tronc élancé, la végétation se distingue à peine de la pellicule verte qui couvre la surface du lac de Devil's Swamp, en Louisiane (États-Unis).

140
Avec ses vertigineux 980 m de dénivelé, le Salto Ángel, au Venezuela, est la plus haute chute d'eau naturelle du monde.

141
Un fleuve incise profondément la forêt pluviale vénézuélienne.

142-143
L'archipel fluvial des Anavilhanas, au Brésil, regroupe 400 îles.

144-145
Le site d'Iguaçu, entre l'Argentine et le Brésil, compte des centaines de cascades.

LE SILENCE DES DÉSERTS

« Combien de hauts plateaux déserts, bombés comme la surface d'un bouclier, jamais foulés par le pied d'aucun voyageur, ai-je parcouru, les dominant du début à la fin. » Ces mots sont ceux d'un homme qui a fait du désert un refuge, un immense domaine où ses ennemis, impressionnés par son aisance et sa liberté, n'ont jamais osé ni su le débusquer. Cet homme, Al-Chanfara, était un bandit-poète. Il vécut dans les déserts du Yémen et du Hedjaz, quelques années avant que ceux-ci ne résonnent des révélations de Mahomet.

Le désert est un lieu de liberté. Les peuples qui continuent de résister à l'attrait trompeur des villes et de la « civilisation » le savent bien. Il ne viendrait jamais à l'idée des rares Touaregs, qui traversent encore le Sahara avec leurs caravanes de sel, de mener un autre style de vie. Le désert est le royaume du silence. Seul le vent vient fendre l'air, torride le jour et glacial la nuit. C'est le lieu d'une expérience mystique, la terre de ce qui semble exister mais qui n'existe pas, l'endroit où mirages et réalité se confondent : ainsi, au cours des millénaires, les initiés et les prophètes de maintes civilisations, et des dieux égyptiens, même, se sont retirés dans le désert comme d'obscurs ermites, y trouvant une spiritualité accrue du fait de la rareté des moyens de subsistance. La croyance populaire a longtemps fait du désert la demeure des démons, tels les djinns de la tradition arabe. Quand il n'était pas l'antichambre de Satan en personne, le lieu ultime des tentations dont rendent compte les évangiles de Luc, Marc et Matthieu.

L'image du désert qui se présente le plus souvent à l'esprit est celle des paysages de dunes qu'arpentait le légendaire Lawrence d'Arabie. En réalité, la majorité des déserts de notre planète se présentent sous l'aspect d'étendues caillouteuses et de massifs montagneux, comme les grands regs et hamadas d'Algérie et de Libye. Le Tadrart Acacus libyen, un bastion hérissé de tours rocheuses aux formes tourmentées, et le Hoggar algérien, dont les cônes granitiques projettent des lueurs sanglantes sur l'horizon, figurent au nombre de ces déserts rocheux à la beauté grandiose.

Le désert du Namib longe la côte sud-ouest du continent africain sur plus de 1 200 kilomètres. Sa partie la plus sèche, qui ne dépasse pas 100 à 220 kilomètres de large, est considérée comme l'une des plus inhospitalières du monde – ainsi que l'une des plus continûment arides depuis le début de l'histoire de la croûte terrestre. Le sable, dont la couleur de terre vire au rouge sang quand tombe le soir, s'accumule pour former des dunes dont certaines sont grandes comme des châteaux forts médiévaux. Toute forme de vie y semble impossible. Mais en franchissant les crêtes de ces hauteurs escarpées, toujours en mouvement et pourtant toujours là, on peut apercevoir des caravanes d'éléphants sauvages suivant des routes connues d'eux seuls, ou les silhouettes solitaires d'acacias tout verts, souvent distants les uns des autres de plusieurs kilomètres. Fait singulier, ce bassin torride ne subit pas seulement les effets de la chaleur mais aussi ceux, bénéfiques, du froid : en effet, le courant antarctique de Benguela qui lèche ses côtes ne provoque pas de vraies précipitations, mais engendre une brume saumâtre qui, en se déposant, nourrit des insectes, des plantes rares et de grands animaux tels que les éléphants.

Bien d'autres déserts pourraient disputer au Namib le record d'aridité. Certaines régions de la Jordanie et du Sinaï, par exemple, n'ont pas reçu une

147
Le bassin d'un lac salé dans le parc national d'Uluru, en Australie (à gauche).
Sur le sol plat de la Monument Valley, entre l'Arizona et l'Utah (États-Unis), se dressent des monolithes géants (à droite).

seule goutte d'eau depuis quatre cents ans. Pourtant, la vie y subsiste aussi, presque invisible, surtout si l'on cherche à en deviner les traces depuis le ciel. Leurs paysages recèlent parfois des merveilles cachées, telles Pétra, la ville taillée dans le rocher où, dans l'Antiquité, le peuple des Nabatéens vécut et prospéra pendant des siècles, exploitant avec ingéniosité les maigres précipitations du désert jordanien grâce à un réseau de canaux.

La côte ouest de l'Amérique du Sud est bordée sur une grande partie, du Pérou au Chili, par une zone désertique. Elle comprend le désert d'Atacama, qui longe l'océan Pacifique, dans la partie septentrionale du Chili. Cette bande étroite de sable blanc s'étire du nord au sud sur un millier de kilomètres, parfois interrompue par la course perpendiculaire des fleuves et des torrents qui dégringolent des altitudes andines, omniprésentes. Leurs eaux font vivre des exploitations agricoles qui apparaissent comme autant d'oasis sur le sable stérile.

Les déserts d'Amérique du Nord ne figurent pas dans la même catégorie que le Namib car ils sont considérés seulement comme « arides », et non comme « extrêmement arides ». Il en va de même pour l'immense bassin de terre rougeoyante qui couvre la plus grande partie de l'Australie centrale, ainsi que pour le désert de Gobi, au cœur de l'Asie. Ces lieux n'en sont pas moins fascinants pour autant. Les États américains de l'Utah, du Colorado et de l'Arizona sont fiers de leurs fragiles architectures de grès que rongent des vents incessants depuis des millions d'années. La Delicate Arch en est le symbole, mais toute la région ressemble à un royaume irréel, parsemé de châteaux dont les formes fantastiques sont sculptées par l'érosion. À la frontière entre la Californie et le Nevada, dans la Vallée de la Mort, la dépression de Badwater, 86 mètres sous le niveau de la mer, est le point le plus bas du continent nord-américain. C'est une fournaise chauffée à blanc par un soleil implacable qui compose un paysage calciné, où la vie devient rare et ténue. L'ardeur de ses rayons fait naître des couleurs qui n'existent nulle part ailleurs, se mêlant aux tons dorés et rouges du sable et des rochers : l'érosion y libère par endroits les couches inférieures du sol. Les minéraux ainsi exposés créent, sous l'effet de l'oxydation et de l'irradiation, de nouveaux composés aux teintes vertes, brunes, violettes et pourpre. En Égypte, dans le désert Blanc, près de l'oasis de Farafra, le substrat calcaire est mis à nu par le vent. Il forme des plaques blanches qui ressemblent à de la neige, incongrue dans cette région torride.

Du ciel, on distingue très bien les traces profondes laissées par l'eau qui, malgré l'aridité extrême des déserts, en est rarement absente totalement. Les oueds desséchés de quelques-uns d'entre eux charrient, à certaines saisons, des torrents d'eau de pluie qui transforment le sol dur en un fleuve de boue tourbillonnante, emportant tout sur son passage et creusant des lits bien visibles dans la lumière de l'aube ou au coucher du soleil. Dans le désert, contrairement à ce qui se produit dans les régions irriguées où le terrain déjà gorgé d'eau a du mal à en absorber de nouvelles quantités, le déluge fait renaître instantanément la vie et recouvre le sol de végétation et de fleurs multicolores. Quelques amphibiens, adaptés à la sécheresse, émergent même du sol où ils étaient enfouis, se réveillant sous un ciel qu'ils n'ont pas revu parfois depuis des années. Puis, tout retournera en sommeil, en suivant les rythmes de la nature. La nature qui n'est jamais pressée et qui n'oublie rien.

150

L'érosion provoquée par d'anciens cours d'eau a laissé des traces profondes dans les terrains argileux du nord de la Sierra Nevada, dans l'extrême sud de l'Espagne.

151

Une caravane traverse les dunes du Sahara mauritanien et se projette en ombres chinoises sur un écran de sable. À Nouakchott, le désert se jette dans l'océan.

152
Dans l'ouest de l'Égypte, près de la frontière libyenne, verdoient les palmeraies de l'oasis de Siouah, où s'élèvent les ruines antiques de la forteresse de Chali et du temple de l'oracle d'Amon.

153
Le désert Blanc, près de l'oasis de Farafra, en Égypte, fut jadis couvert de vastes étendues d'eau. De nos jours, il en reste des formations de gypse à l'aspect presque lunaire et soumises à une érosion constante sous l'effet du vent.

154-155
Le massif du Sinaï, en Égypte, séduit par sa beauté, à l'aube surtout, quand ses couleurs sont saturées. Mais il est surtout un symbole religieux, car c'est sur l'un de ses sommets, le djebel Musa, ou « montagne de Moïse », que celui-ci aurait reçu de Dieu les tables de la Loi.

156

Le mot *yadan* (« escarpements ») désigne en ouïgour les paysages parsemés de rochers isolés que présente l'extrémité occidentale chinoise du désert de Gobi, près de la frontière mongole.

157

En un saisissant contraste d'échelle, des chameliers affrontent l'aride étendue du désert ouïgour de Takla-Makan, à l'extrémité nord-ouest de la Chine, dans la région autonome du Xinjiang.

158

L'Uluru (ou Ayers Rock) est un monolithe de grès rouge colossal et mythique. Haut de 348 m pour environ 9 km de circonférence, il se dresse au cœur de l'Australie, totalement isolé dans la plaine.

159

À l'ouest d'Uluru s'élève le Kata Tjuta, formé de plus de trente reliefs rouges et érodés. Sa forme, qui évoque les doigts d'une main, le fait considérer par les aborigènes comme sacré.

160 et 161
Le Bryce Canyon, dans l'Utah, présente un ensemble d'amphithéâtres naturels où l'érosion a sculpté des aiguilles dans la roche. Ils se révèlent dans toute leur splendeur à l'aube et au coucher du soleil. En hiver, la neige couvre les rochers rouges.

162
À la frontière de l'Arizona et de l'Utah (États-Unis), les aiguilles de grès rouge de la Monument Valley pointent vers le ciel, atteignant jusqu'à 300 m de haut.

163
Avec 350 km de long et 6 à 30 km de large, le Grand Canyon du Colorado, modelé depuis des millions d'années par l'eau et l'érosion, entaillé par le passage du fleuve sur plus de 1 500 m de dénivelé, est un des sites les plus spectaculaires des États-Unis et du monde.

164

Le désert mexicain de l'Altar s'étend entre la côte nord-est du golfe de Californie et la frontière de l'Arizona. Véritable désert de dunes arides, il se transforme l'été en une fournaise écrasante.

165

Une dune rompt la monotonie de la plate lagune mexicaine de San Ignacio, sur la côte pacifique de la Basse-Californie centrale.

LE ROYAUME DE L'HOMME

La plupart des grandes cités de la planète se sont bâties au prix de siècles, voire de millénaires de travail. Grâce à des conditions favorables, elles se sont peu à peu étendues, horizontalement d'abord, puis verticalement au gré des progrès accomplis dans l'art de bâtir. Ainsi se sont développées des merveilles architecturales telles que Lisbonne et Berlin, Bangkok et Le Caire, Londres ét Paris – cette dernière peut-être la ville la plus riche de toutes en édifices symboliques, au premier rang desquels la célèbre tour construite par Gustave Eiffel.

Puis, les audacieux gratte-ciel des centres d'affaires de New York et de Chicago ont commencé à s'élever. De la fin du XIXe siècle au début du XXe siècle ces quartiers ont été les terrains d'expérimentation de technologies nouvelles. Lorsqu'on envisagea de leur faire gagner des hauteurs impossibles à atteindre avec la maçonnerie ordinaire, même renforcée par des techniques et des armatures de plus en plus élaborées, il fallut faire un saut imaginatif considérable.

À l'époque, personne ne savait, en réalité, si les *high-rise buildings* (les « tours ») seraient capables de résister à toutes les sollicitations qu'elles allaient subir : la gravité, la violence des vents, le choc des tremblements de terre ou même la simple usure. Aujourd'hui encore, nul ne peut dire combien de temps peut tenir un béton armé que l'on a coulé il y a presque cent ans. Le fait est que bon nombre de colosses historiques commencent à vieillir. C'est pourquoi, par précaution, certains édifices anciens mais sans valeur historique ou symbolique particulière sont peu à peu démolis et remplacés par d'autres, construits avec des techniques plus avancées et plus fiables. Les centres-villes du XXIe siècle se présentent presque toujours comme des sanctuaires urbains, de véritables musées destinés à la fois à illustrer la puissance financière et à explorer de nouvelles pistes de l'urbanisme et de l'architecture.

Dans les grandes villes, en effet, et pas nécessairement dans les plus riches d'entre elles, des maîtres comme l'architecte brésilien Oscar Niemeyer, le Japonais Kenzo Tange, le Sino-Américain Ieoh Ming Pei ou l'Italien Renzo Piano « exposent » leurs œuvres, prophètes d'un urbanisme éclairé et toujours profondément symbolique. Le plus farouche adversaire du gigantisme moderne ne peut nier la fascination exercée par la Burj Khalifa, qui pointe sa flèche gigantesque à 828 mètres. La tour dubaïote, qui abrite 160 étages, est la plus haute du monde, détrônant depuis 2008 la Taipei 101. Détenant le précédent record de hauteur avec ses 509 mètres, la tour taïwanaise, inaugurée en 2004, occupe désormais la deuxième place. Ses étages sont au nombre de huit, chiffre symbolisant prospérité, longévité et réussite dans la tradition chinoise. La Sears Tower de Chicago (renommée Willis Tower en juillet 2009), du haut de ses 442 mètres, est maintenant à la huitième place. Les neuf blocs noirs parallélépipédiques qui la composent, assemblés en corps et en avant-corps, lui donnent l'allure d'une tour de Babel moderne qui se détache sur le fond transparent du lac Michigan. Une Babel dans laquelle on ne parle et n'entend qu'une langue, planétaire : celle du commerce, *koinè* de notre époque.

Haute de 421 mètres, la Jin Mao Tower de Shanghai, à la dixième place, évoque un tronc de bambou ou une pagode géants et semble refléter l'univers culturel et traditionnel de l'Extrême-Orient. Avec ses volumes aux arêtes à peine marquées, légèrement recourbées vers le haut, ce temple

167

À Paris, l'île de la Cité, vue de l'ouest : sur la rive sud de l'île, s'élève la cathédrale Notre-Dame (à gauche) ;
l'Empire State Building est de nouveau le plus haut gratte-ciel de Manhattan et de New York. À l'arrière-plan, Central Park (à droite).

des affaires du XXIe siècle préfigure une nouvelle race de gratte-ciel, moins agressivement hypertechnologique. La recherche de formes végétales caractérise son architecture : la tour fait penser à une plante plongeant profondément ses racines dans la terre d'Asie pour y puiser la sève qui lui permet de s'élancer à une telle hauteur, d'être si unique et si belle.
Lorsque l'on observe ces tours du ciel, le savoir-faire des maîtres de l'architecture d'avant-garde se révèle avec encore plus d'évidence : les façades d'aujourd'hui ne sont plus les austères murailles des gratte-ciel d'il y a un demi-siècle. Elles paraissent au contraire ouvertes, légères et même accueillantes.
Les villes modernes impressionnent et intriguent par leur caractère insaisissable : plus elles sont étendues, moins on peut les cerner. Elles vont jusqu'à se fondre dans leurs voisines pour former de gigantesques conurbations. Les recensements, de tout temps une entreprise délicate, y sont plus difficiles que jamais, et malgré les moyens statistiques perfectionnés dont nous disposons, il est aujourd'hui impossible d'établir avec certitude si la ville la plus peuplée du monde est Le Caire, Mexico, ou encore la mégalopole Tokyo-Yokohama. Le déterminer ne servirait d'ailleurs pas à grand-chose, tant la démographie mondiale se révèle explosive. Un centre urbain comme Istanbul comptait, il y a seulement trente ans, un million d'âmes. Il en héberge aujourd'hui plus de dix, et rien ne permet de prévoir un ralentissement de cette évolution. Le nombre de villes chinoises, indiennes et russes qui dépassent le million d'habitants donne le vertige.
Pour planter le décor de l'un de ses cycles les plus célèbres, Isaac Asimov, biologiste et auteur d'ouvrages de science-fiction, a essayé d'évaluer le nombre d'habitants que pourrait supporter une planète comme la Terre si elle était entièrement construite. Il est arrivé à un chiffre d'environ 40 milliards, ce qui est probablement très au-dessous de la réalité. Selon les données actuelles les plus fiables, 50 % de la population totale du globe, soit plus de trois milliards d'hommes, habitent déjà dans les villes, parmi lesquelles 22 mégalopoles comptant plus de huit millions d'habitants.
Les grandes villes n'ont pas toutes des origines ancestrales. Brasília, la plus célèbre des capitales « artificielles », offre l'exemple type d'une création *ex nihilo*. Les chefs-d'œuvre d'Oscar Niemeyer y composent un décor urbain qui, avec ses vastes espaces vides entourés d'élégants édifices fonctionnels, fait penser aux places imaginaires d'un De Chirico. Ce caractère aéré représente ce qu'il y a de plus séduisant dans les cités qui ont été conçues à partir d'un plan d'ensemble au cours de la seconde moitié du XXe siècle. Ainsi Islamabad, au Pakistan, est-elle très différente des autres villes de ce pays, à la fois plus anciennes et plus informelles. Les espaces verts constituent l'atout majeur des villes « nouvelles ». C'est ce que montre Canberra, où des foyers urbains comme Capital Hill et City Hill, avec leurs rues harmonieusement disposées en cercles concentriques de part et d'autre du lac Burley Griffin, finissent par se fondre dans un paysage parsemé de vastes parcs.
Il nous faut aussi évoquer l'absence, car l'histoire de l'homme n'est pas seulement celle de réalisations audacieuses et monumentales, mais aussi celle d'écroulements retentissants. La destruction des tours jumelles de Manhattan, les Twin Towers du World Trade Center, a laissé dans la ville un vaste emplacement désolé, aussitôt baptisé Ground Zero (« niveau zéro ») comme l'avait été le point d'impact de la bombe d'Hiroshima. Tous les ans depuis l'effondrement des tours, le « Tribute in light », une double colonne immatérielle faite de lumière pure, s'est élevé à la pointe sud de Manhattan, à l'endroit où se dressaient les imposantes tours jumelles. Les architectures de Minoru Yamasaki ne sont plus là, mais par leur absence, elles jouent un rôle symbolique sans doute beaucoup plus fort encore que celui qu'elles tenaient lorsqu'elles étaient debout.

170
La tour du Parlement, à Londres, qui abrite le célèbre carillon Big Ben, est proche de l'abbaye de Westminster, dont les flèches, par contraste, semblent encore plus blanches et éthérées.

171
Les vastes bâtiments du British Museum sont installés en plein centre de Londres. Depuis peu, sa cour intérieure est couverte par une magnifique verrière.

172

La place du Carrousel, avec son arc de triomphe, et le palais du Louvre forment une perspective majestueuse dans le tissu urbain très dense du centre de Paris.

173

Une merveille de technologie, la tour Eiffel, achevée pour l'Exposition universelle de 1889, domine tout Paris de son étrange silhouette effilée.

174
À Berlin, la prestigieuse avenue Unter den Linden (« sous les tilleuls ») se termine par la porte de Brandebourg, que l'on peut admirer de la coupole de verre du palais du Reichstag (au premier plan, à gauche).

175
Le nouveau quartier du gouvernement est le symbole de la réunification de l'Allemagne, après la chute du mur de Berlin.

176

À Budapest, en aval du Parlement et de sa majestueuse coupole, le pont des Chaînes enjambe le Danube, réunissant Buda et Pest.

177

Les tours de Notre-Dame-du-Týn, au-dessus de la place de la Vieille-Ville (Staroměstké Náměstí) et du centre de Prague, capitale tchèque, frappent par leur caractère imposant et leur originalité.

178

Rome encercle de toute part le plus petit État souverain du monde, la Cité du Vatican. Elle est facile à repérer grâce à son église, la plus grande de la planète : la basilique Saint-Pierre, ici vue de l'ouest.

179

Non loin du Vatican, le château Saint-Ange est situé au bord du Tibre. À l'origine, le monument circulaire était un mausolée impérial.

180

À Moscou, derrière les murs de brique rouge du Kremlin, élevés à partir de 1485, se cachent l'énorme ensemble du Grand Palais et la cathédrale de l'Assomption, avec ses coupoles dorées.

181

À Saint-Pétersbourg, La colonne d'Alexandre (47 m de haut) se dresse depuis 1834 sur la place du Palais, devant l'Ermitage (palais d'Hiver).

182

Sur la rive européenne d'Istanbul, en Turquie, les imposants volumes de la mosquée du Sultan Ahmet, ou mosquée Bleue, répondent à ceux, rouges, de Sainte-Sophie, basilique transformée en mosquée.

183

Les coupoles de la mosquée Mohammed Ali resplendissent au sommet de la citadelle du Caire, en Égypte, fortifiée par Saladin au XIIe siècle.

184

À Jérusalem, la coupole du Rocher, construite en 691, est le plus ancien monument de l'islam. Son dôme doré brille sur l'esplanade des Mosquées.

185

Plus discrète mais tout aussi vénérable, la coupole grise de l'église du Saint-Sépulcre, édifiée sur ordre de Constantin, s'élève à l'endroit où se serait tenue la crucifixion et où se trouverait le tombeau du Christ.

186
Résidence des empereurs de Chine jusqu'en 1912, la Cité interdite de Pékin présente un plan rectangulaire, à la fois symbolique et fonctionnel.

187
Un étonnant ensemble de toits et de flèches couvre les bâtiments du temple bouddhiste de Wat Pho, le plus grand et le plus ancien de la capitale thaïlandaise, Bangkok. Il abrite un immense bouddha couché.

188-189
Spectaculaire et emblématique, le Sydney Harbour Bridge, aussi nommé « le cintre », offre son arc métallique pour franchir la baie de Sydney, la ville la plus peuplée d'Australie et la capitale de la Nouvelle-Galles du Sud.

SAMSUNG
SHARP
LG
TECO
Bayer

190

Aux États-Unis, les lumières de Los Angeles, à la tombée de la nuit, accompagnent la vie nocturne de cette agglomération gigantesque, étirée sur plus de 100 km le long de la côte et abritant 17 millions d'habitants.

191

La nuit, dans l'obscurité du désert au cœur duquel elle est construite, Las Vegas scintille de tous ses feux, comme une oasis de lumière.

MGM

192
Washington, la capitale fédérale des États-Unis, honore la mémoire de ses plus grands présidents à l'aide de monuments de forme classique. Le mémorial de Thomas Jefferson (à gauche) est inspiré du Panthéon de Rome, les colonnes doriques de celui d'Abraham Lincoln (à droite) reprennent celles des temples grecs.

193
Au cœur de la nation américaine se trouve le Capitole, avec sa coupole blanche (à gauche), que le Mall relie à l'obélisque du Washington Monument (170 m). Au premier plan, la Cour suprême (à gauche) et le Sénat (à droite).

194
Cœur et poumon de Manhattan, Central Park est comme une île dans l'île, une oasis de calme, un monde parallèle qui déroule son tapis d'arbres, de lacs, d'étangs et de prés au pied des gratte-ciel.

195
Au sud-est de Manhattan, les célèbres ponts suspendus de Brooklyn (en bas) et de Manhattan (en haut) enjambent l'East River.

196-197
La baie de Rio de Janeiro,
au Brésil, aux pieds de la statue
du Christ Rédempteur,
est l'un des plus beaux
panoramas du monde.

DANS LES SILLONS DU TEMPS

En 1783 débuta une ère dont les hommes avaient rêvé depuis des millénaires. Les premiers aérostats à air chaud, mis au point par les frères Joseph et Étienne de Montgolfier, ou à hydrogène, inventés par Jacques Charles, permirent à des aéronautes d'admirer le Champ-de-Mars, puis le palais et les jardins de Versailles, les toits du Louvre ou les superbes tours de Notre-Dame et ses alentours. Leurs premières impressions sur le monde, tel qu'il leur était apparu, depuis le ciel, suscitèrent de savants débats parmi les scientifiques, tandis qu'une vive curiosité animait toutes les conversations. Peu après, cette nouvelle conquête tombait entre les mains des militaires, comme cela arrive si souvent. Si les coups de canons anglais, à Aboukir, n'avaient pas détruit les navires transportant le matériel de la compagnie d'aérostatiers de Bonaparte, ses officiers auraient pu admirer les pyramides, non d'en bas, au garde-à-vous sous un soleil de plomb, mais du ciel, comme d'anciens dieux revenus visiter la terre d'Égypte.

La voie des airs était ouverte, et bien vite elle allait révéler les traces de mondes disparus, transformés par le temps, mais qui, vus avec de la hauteur, apparaissent plus clairement : des vestiges de villages préhistoriques, de remparts, de tours, de cités-palais, de pyramides, de tombes, de canaux... De plus, ils portaient pour la plupart la marque de réalisations grandioses, suscitant ainsi chez qui les survolait l'impression que, lorsqu'ils concevaient et construisaient ces ouvrages, généralement destinés à attirer l'attention des dieux, les hommes qui nous ont précédés savaient penser et voir en grand.

C'est en Égypte que les témoignages de l'histoire sont les plus nombreux, les plus manifestes. Maintes pyramides se sont certes écroulées ; elles ne ressemblent plus, aujourd'hui, qu'à des monts naturels, émoussés par l'érosion. Mais vue du ciel, la monumentalité écrasante de celles qui ont conservé leur forme d'origine est accentuée par le fait que l'on en perçoit le dessin original. On distingue également bien mieux les demeures des fonctionnaires royaux, éternelles, quoique modestes, alignées, comme des quartiers résidentiels modernes surgis du néant. Beaucoup plus au sud, à Thèbes, les temples de Karnak et de Louqsor offrent le spectacle de leurs impressionnantes colonnes. Leur résistance au temps qui passe rend ces demeures divines plus extraordinaires encore. À Biban el-Molouk, la Vallée des Rois et celle des Reines dissimulent dans leurs profondeurs obscures les minuscules entrées des tombes royales. Non loin de là, au pied du mont el-Qurn – la montagne sacrée de forme pyramidale de Thèbes –, s'ouvre l'un des amphithéâtres naturels les plus spectaculaires du monde. Les temples des pharaons – de la reine Hatshepsout, des souverains Montouhotep et Thoutmosis – exaucent le désir d'éternité de leurs bâtisseurs en se fondant dans le site, une paroi à pic qui semble être la prolongation verticale de l'œuvre construite par les hommes.

Partout dans le monde, les hommes ont confié aux monuments le soin de témoigner de leur grandeur, de leurs desseins et même des limites de leurs empires. Les exemples les plus frappants en sont la Grande Muraille, qui se déroule sur 5 000 kilomètres entre la Chine et la Mongolie, et le mur d'Hadrien, qui marquait jadis la limite septentrionale de l'Empire romain sur plus de 100 kilomètres entre Carlisle et Newcastle. Quelles que soient la nature ou la configuration du terrain, ces remparts tracent à l'infini des frontières qui ne devaient pas bouger pendant mille voire dix mille ans. Ils épousent étroitement les lignes de crêtes, indifférents à la pente et au relief, progressant d'est en ouest à travers des terres proches des déserts. Il est difficile d'imaginer qu'un peuple, même « barbare », ait pu vivre au-delà de ces confins, menaçant les empires qui tentaient de se retrancher derrière leur démarcation. Dans les terres désolées du Nord, ces ouvrages ont perdu beaucoup de leur splendeur, mais, immuables, ils laissent sourdre dans le vent les mêmes avertissements qu'à l'époque des grands empereurs.

Les frontières de l'Asie ne sont pas les seuls vestiges témoignant de son génie bâtisseur. Des temples monumentaux sont parvenus jusqu'à nous, traversant les siècles, souvent bien visibles maintenant que la forêt a été contrainte de céder du terrain. Les murs des temples khmers du Cambodge s'élèvent sur une trame irréprochable, avec un réseau de routes et de canalisations parfaitement rectilignes, dont les points saillants sont marqués par de grandes flèches, des reliquaires en

199

Le Sphinx de Gizeh, en Égypte (à gauche). L'ensemble mégalithique de Stonehenge fut édifié dans la plaine de Salisbury (Angleterre), en trois phases, entre 3000 et 1000 av. J.-C. (à droite).

forme d'épi de maïs ou de cloche, des terrasses. Lorsque l'on survole le Borobudur, au cœur de l'île de Java, la vision est saisissante : en pleine forêt, sur une colline naturelle de forme pyramidale, ce monument initiatique, sorte de labyrinthe mystique, a été conçu comme un mandala géant dans lequel chacun des grains colorés utilisés par les moines tibétains serait remplacé par une pierre sculptée.
Bien plus au nord, au Tibet, le bâtiment imposant et les toits dorés du palais du Potala s'aperçoivent de loin, surplombant Lhassa. Aux alentours se profilent aussi des monastères, parfois construits à partir de simple boue. Tous ces monuments rouges, blancs ou bruns se détachent, splendides, immémoriaux, sur un paysage presque aride. Dans l'air léger du Toit du Monde, ils prennent un relief extraordinaire. Né au Tibet, le Yarlung Tsangpo, dont le nom devient Brahmapoutre quand ce fleuve traverse l'Inde, trace au pied des montagnes un sillon d'un bleu tumultueux.
En Europe, les traces du passé se manifestent moins nettement. Sur la longue péninsule qui forme la partie occidentale de l'Eurasie, les implantations et les constructions humaines se sont superposées depuis des millénaires. Leurs vestiges sont protégés, entourés de petites zones de sauvegarde qui permettent d'en deviner encore la grandeur. Mais souvent, ils sont maintenant noyés, cernés de tous côtés par le tissu urbain. À Rome, les vestiges des forums impériaux permettent d'imaginer les espaces vastes et lumineux où le peuple célébrait les Césars comme des dieux descendus sur terre. Le Colisée éclate comme une fleur de pierre au centre de la ville. Le château Saint-Ange n'a de libre que son reflet dans le Tibre. Désarmant de simplicité, le double arc de colonnes du Bernin, devant Saint-Pierre, semble embrasser la chrétienté, et, sous l'imposante protection de sa coupole, la basilique accueille « tous les hommes de bonne volonté ». Sur le ciel athénien se découpent, d'un blanc éblouissant, les vestiges de l'Acropole de Périclès et les ruines des forums grec et romain. À Istanbul, des dizaines de minarets jaillissent de coupoles que l'oxydation a parées de tons de gris ou de vert. Tout y est noyé dans un voile qui brouille les formes, mais étrangement, la ville paraît plus fascinante encore dans cette brume qui semble déposée par le temps.
Mais l'Europe n'a pas toujours emprisonné ses vestiges. Les motivations spirituelles ou les nécessités qui ont attiré nos prédécesseurs dans des endroits comme Stonehenge et Avebury, en Angleterre, ou Carnac, en France, ne nous sont pas connues, mais ces merveilles subsistent. Érigées en pleine nature, elles nous « parlent » toujours. Elles nous renseignent sur la course des astres, servent de cadrans solaires ou de sanctuaires, ou créent seulement sur la végétation environnante des jeux d'ombre et de lumière. Simples peut-être, mais empreints de magie.
L'Amérique compte aussi de nombreux monuments anciens, immuables. Dans les États du désert, des tours et des maisons en rudimentaire brique de terre crue, ou adobe, ont été bâties dans les cavités des parois gréseuses des canyons. Quand on découvre des sites comme Mesa Verde, on ressent du respect pour ceux qui réussirent à vivre dans ces lieux inaccessibles tout en préservant la beauté de la Création. Les grands centres cérémoniels toltèques, aztèques et mayas, avec leurs pyramides et leurs autels, n'ont sans doute jamais été de véritables villes, au sens où nous l'entendons, c'est-à-dire habitées en permanence. Ils n'étaient sans doute utilisés qu'à l'occasion de célébrations, ou les jours de marché. Et pourtant, vu du ciel, leur plan nous paraît familier : que l'on domine Angkor Vat, le Borobudur, Gizeh ou Saqqarah, que l'on survole des tumulus préhistoriques d'Angleterre, d'Amérique du Nord ou d'Europe centrale, ou bien que l'on admire la Cité interdite, tous ces lieux semblent partager un trait commun. Ce sont en fait des « montagnes » élevées par les hommes pour que les dieux les observent. Des routes, des autels, des tombes et des lacs sacrés y sont minutieusement disposés pour faire montre d'un univers artificiel qui rivaliserait avec la nature. Et une fois encore, vus du ciel, les dessins imaginés par les rois-prêtres paraissent avoir pour seul objet de sauver le *mundus* du chaos, en y rassemblant leurs biens les plus précieux.
Le Machu Picchu est l'un des témoignages les plus impressionnants que l'histoire nous ait transmis. Pour bâtir un ouvrage défensif, il serait difficile de trouver un lieu plus étrange : car la cité sacrée des Incas est accrochée sur les pentes abruptes des Andes, à près de 2 400 mètres d'altitude, sur un éperon resserré entre deux vallées profondes envahies par la forêt. Mais il n'en est pas de plus beau non plus.
Enfin, la pampa péruvienne d'Ingenios, avec ses impressionnants géoglyphes de Nazca, est l'un des sites les plus mystérieux du monde. Certains pensent que pour en diriger la réalisation, sur une surface dure comme de la pierre, les sages de cet obscur peuple précolombien devaient être à bord d'une sorte de cerf-volant ou d'aérostat. Rien ne conforte une telle hypothèse, et la réalité est peut-être beaucoup plus banale. Ce qui est certain, c'est que la mesure et le tracé de ces motifs, tendus comme les cordes d'un violon, ne peuvent être appréhendés que du ciel.

202 à gauche
Les différents niveaux archéologiques visibles sur le mont Palatin, à Rome, montrent que ce lieu a joué un rôle important dans la civilisation romaine, depuis les origines de la ville jusqu'à la fin de l'Antiquité.

202 à droite
Le Panthéon, à Rome, bâti sous l'empereur Hadrien en 118 apr. J.-C., fut d'abord un lieu de culte païen avant d'être converti en église.

203
Le Forum, cœur de la vie politique, commerciale et judiciaire de la Rome antique, fut pillé pendant des siècles avant d'être reconnu comme l'un des trésors de la ville et protégé à ce titre.

204
Au pied d'un Vésuve qui n'est qu'assoupi, les visiteurs de l'antique Pompéi peuvent admirer son Grand Théâtre et son Odéon.

205
À Taormina, au pied de l'Etna, en Sicile, s'élève un théâtre antique, sans doute grec à l'origine, mais fortement remanié à l'époque romaine.

206

Le Parthénon, sur l'Acropole d'Athènes, doit son caractère imposant au sculpteur Phidias, qui en dirigea les travaux de construction entre 442 et 438 av. J.-C.

207

L'île de Délos, dans la mer Égée, a été occupée dès 3000 av. J.-C. Des vestiges archéologiques témoignent de la richesse de la civilisation hellénique, qui y atteignit son apogée au ve siècle av. J.-C.

208
Les trois grandes pyramides de Gizeh – celles des pharaons Kheops, Khephren et Mykerinus – forment un ensemble qui était considéré dans l'Antiquité comme l'une des Sept Merveilles du monde.

209
Quatre colosses de 20 m de haut sculptés dans la roche gardent l'accès au grand temple de Ramsès II à Abou-Simbel. À droite, on voit l'entrée de celui dédié à son épouse, la reine Néfertari.

210

La cité rupestre de Pétra, en Jordanie, fut la capitale des Nabatéens, dont la civilisation était florissante sur ce territoire entre le VIe siècle et 106 av. J.-C. Il nous en reste de nombreuses tombes, dont ci-dessus le tombeau monumental dit « al-Deir » (« le monastère »)

211

La forteresse de Massada, sur la rive israélienne de la mer Morte, fut construite par Hérode pour protéger la route vers Jérusalem.

212
La construction de la Grande Muraille commença au IIIe siècle av. J.-C. Elle avait pour fonction de protéger les frontières septentrionales de la Chine et de relier entre elles une série de forteresses.

213
Pagan fut la capitale de l'empire birman entre le XIe et le XIIe siècle. Sur son territoire sont éparpillés près de 13 000 édifices ayant un caractère votif : stupas, temples, pagodes et monastères.

214

Le monument le plus caractéristique d'Angkor, ville khmère édifiée au Cambodge entre le IXe et le XIVe siècle, est le temple d'Angkor Vat. Entouré de douves, il s'étend sur une surface d'1,3 km par 1,5 km.

215

Le temple de Borobudur, sur l'île indonésienne de Java, fut édifié au IXe siècle et abandonné au XIe. La structure de nombreux autres édifices religieux de la région est inspirée de la sienne.

216

Au Mexique s'élevait l'antique cité de Teotihuacán. Ses deux plus importantes constructions étaient la grande pyramide du Soleil et celle de la Lune, plus petite. Reliant ces deux monuments, l'allée de la Mort formait un grand axe.

217

Palenque, dans le Chiapas, est l'un des grands centres religieux de la période maya classique. C'est aussi l'un des sites archéologiques les plus importants du Mexique, qui attire de nombreux visiteurs.

218

Son inaccessibilité et son extraordinaire architecture font de la cité inca de Machu Picchu, au Pérou, un site archéologique fascinant.

219

Le plateau Nazca, dans les Andes péruviennes, fut le centre d'une civilisation qui se développa durant plusieurs siècles au début de notre ère. Sur une superficie d'environ 52 km², les Nazca tracèrent dans le sol des centaines de lignes formant d'immenses figures (géoglyphes), représentant pour la plupart des animaux.

Enrico Lavagno est né en 1962. Après une formation classique, il s'est spécialisé en civilisations orientales. Il collabore depuis plusieurs années avec les Éditions White Star en tant qu'auteur et traducteur de français et d'anglais, en particulier dans les domaines de l'histoire, de l'archéologie et des arts. Parmi ses travaux de traduction, figurent les ouvrages de David Roberts, *Terra Santa ed Egitto* et *Nubia* (Éditions White Star 2000), *Ramesse II*, de T.G.H. James, et *La Valle dei Re*, de l'égyptologue Kent Weeks, ainsi que deux importantes études d'Henri Stierlin, *Arte islamica* et *Arte islamica nel Mediterraneo*. Il a traduit également de nombreux titres pour le National Geographic, publiés en exclusivité en Italie par les Éditions White Star. Pour National Geographic-White Star, il a en outre participé à la coordination éditoriale du best-seller *Marco Polo, un fotografo sulle tracce del passato*, réalisé par le photographe du National Geographic, Michael Yamashita, et publié avec succès dans 16 pays. Il est coauteur de *Guida archeologica della Terra Santa* (White Star 2000).

Index

Crédits photo

Yann Arthus-Bertrand/Corbis/ Contrasto : p. 8, 22, 30, 31, 58, 63, 116, 130, 131, 147 à gauche, 151, 158, 172, 173, 187, 206, 207, 219
Art Wolfe/Danita Delimont : p. 71
Antonio Attini/Archives White Star : p. 16-17, 19 à gauche, 23, 37, 38, 49 à gauche, 55, 68-69, 109, 113 à gauche, 120-121, 133, 137, 138, 139, 147, 160, 161, 162, 167 à droite, 170, 171, 192 à gauche, 192 à droite, 193, 194, 195, 204, 205 à droite, 216, 218
Marcello Bertinetti/Archives White Star : p. 1, 4-5, 6, 7, 9, 14-15, 29, 28, 32, 33, 34, 49 à droite, 54, 56, 57, 59, 77, 76, 80, 81, 82, 83, 97 à droite, 104, 105, 122, 123, 125, 135, 151, 152, 153, 162, 174, 175, 178, 179, 183, 185, 199 à gauche, 199 à droite, 202 à gauche, 202 à droite, 203, 208, 209
Massimo Borchi/Archives White Star : p. 106, 107, 210, 217
Livio Bourbon/Archives White Star : p. 19 à droite, 214
Gary Braasch/Corbis/ Contrasto : p. 89
Angelo Cavalli/ Photolibrary.com : p. 196-197
M. Delpho/Blickwinkel : p. 102
Ric Ergenbright/Corbis/ Contrasto : p. 53
ESA/PLI/Corbis/Contrasto : p. 10
Kevin Fleming/Corbis/ Contrasto : p. 62
Ron Garnett : p. 65, 134
Alfio Garozzo/Archives White Star : p. 144-145
Annie Griffiths Belt/Corbis/ Contrasto : p. 94
Itamar Grinberg/Archives White Star : p. 184, 211
Christopher Groenhout/ Lonely Planet Images : p. 159
Lynda Harper/ HedgehogHouse : p. 97 à gauche
Hannu Hautala : p. 100, 101, 103, 118
Jason Hawkes/Corbis/ Contrasto : p. 199 à droite
Frank Krahmer : p. 71 à droite
Bob Krist/Corbis/Contrasto : p. 40, 64
Lester Lefkowitz/Corbis/ Contrasto : p. 191
Charles & Josette Lenars/Corbis/ Contrasto : p. 215
George D. Lepp/Corbis/ Contrasto : p. 90
Marcello Libra/Archives White Star : p. 124, 177
Liu Liqun/Corbis/Contrasto : p. 212
Marka Collection : p. 74
Steve McCurry/Magnum Photos/Contrasto : p. 213
David Messent/ Photolibrary.com : p. 188-189
Colin Monteath/Hedgehog House : p. 84, 85, 95
Juan Carlos Munoz/Agefotostock/ Contrasto : p. 142-143
Tsuneo Nakamura/ Photolibrary.com : p. 45
Charles O'Rear/Corbis/ Contrasto : p. 129
Panorama Stock : p. 60-61, 128, 156, 186
Daniel Philippe : p. 180, 181
René Robert : p. 78-79
Tim Rock/Lonely Planet Images : p. 36
Bill Ross/Corbis/Contrasto : p. 91
Guido Alberto Rossi/ The Image Bank : p. 27, 52, 224
Galen Rowell/Corbis/ Contrasto : p. 92, 93
Royalty-Free/Corbis/Contrasto : p. 35, 86, 190
Dae Sasitorn/lastrefuge.co.uk : p. 24, 25, 119
Kevin Schafer/Corbis/ Contrasto : p. 47
Joseph Sohm/ChromoSohm Inc./Corbis/Contrasto : p. 88
Hans Strand : p. 117
Ted Streshinsky/Corbis/ Contrasto : p. 67
Keren Su/China Span : p. 157
Torleif Svensson/Corbis/ Contrasto : p. 127
Pascal Tournaire : p. 87
Sandro Vannini/Corbis/ Contrasto : p. 75
Giulio Veggi/Archives White Star : p. 49 à gauche, 154-155, 182
Jim Wark : p. 2-3, 39, 41, 42, 43, 66, 108, 135, 164, 165
Ron Watts/Photolibrary.com : p. 44
Adrian Warren/ lastrefuge.co.uk : p. 26, 110-111, 140, 141, 150
Ralph White/Corbis/Contrasto : p. 46
Couverture : Marcello Bertinetti/Archives White Star
Dos : Ron Garnett
Quatrième, de gauche à droite et de haut en bas : Ted Streshinsky/Corbis/Contrasto, Colin Monteath/Hedgehog House, Torleif Svensson/Corbis/ Contrasto, Yann Arthus-Bertrand/Corbis/Contrasto.

224
Le bassin d'Arcachon, au sud-ouest de Bordeaux, en France.

Édition originale

Édition française

Éditions Prisma
Directeur : Pierre-Olivier Bonfillon

Direction éditoriale : Françoise Kerlo
Responsable d'édition : Valérie Langrognet
Assistante d'édition : Julie Drouet
Responsable de production : Alexandre Zimmowitch

Réalisation éditoriale 2011 : MediaSarbacane
Traduction : Éric Paroissien
Édition : Cécile Galatoire, Élise Lejeune

ISBN 978-2-8104-0185-7
Dépôt légal : octobre 2011
Imprimé en Chine par Power Printing
Photogravure : Fotomec, Turin